ILS ONT TUÉ L'ÉCOLE

l'édito politique
Th Legrand
le 16-10-15

MARION ARMENGOD

ILS ONT TUÉ L'ÉCOLE

ÉDITIONS DU SEUIL
*57, rue Gaston-Tessier, Paris XIXe*

Les prénoms des enfants, des enseignants
et de toutes les personnes apparaissant dans cet ouvrage ont été modifiés.

ISBN 978-2-02-142461-4

www.seuil.com

À tous les enfants du 93
Aux enseignants

Prologue

Après plusieurs années de journalisme, démoralisée par l'actualité, rongée par l'impression de n'être plus qu'un robot payé à « recracher » des nouvelles à peine digérées (souvent trouvées sur internet), lasse des rédactions asphyxiées par les restrictions budgétaires et embarquées malgré elles dans un combat perdu d'avance contre les réseaux sociaux, je me suis offert ce qui fait défaut aujourd'hui à certains médias et les condamne au manque d'exigence : du temps.

Une fois mon cerveau libéré, il me fallait comprendre d'où venait ce vertigineux sentiment de vide qui m'habitait. Cette désagréable sensation de faire fausse route, de passer à côté de ce qui compte le plus : l'humain. Un sentiment largement partagé par nos contemporains puisque plus d'un tiers des gens pensent que leur travail n'a aucun sens, d'après l'enquête de l'anthropologue David Graeber qui a analysé sur plusieurs années le phénomène des *bullshit jobs* ou « jobs à la con ». Ce constat survient lorsque le travailleur a pleinement conscience de la superficialité de sa contribution à la société.

Réagir s'est imposé à moi comme une nécessité. Une reconversion professionnelle ? Changer de domaine, de métier, repartir de zéro alors que j'ai déjà bien galéré pour me faire une minuscule petite place dans les médias ? Même pas peur. De mes années d'études, je garde un tendre souvenir de tous les petits boulots que j'ai pu exercer auprès des enfants : colonies de vacances, baby-sitting, aide aux devoirs à domicile. De la simplicité, de l'honnêteté, de l'authenticité, voilà ce que je recherche. Et s'il y a bien un monde dans lequel je peux retrouver toutes ces valeurs, c'est celui des enfants. C'est décidé, je suis prête à me reconvertir pour exercer « le plus beau métier du monde » : enseignante.

Dois-je reprendre des études ? Suivre une formation ? Passer le CRPE, le concours de recrutement de professeur des écoles ? Absolument pas. Une lettre de motivation, un CV, la photocopie de mes diplômes – soit un master de journalisme (minimum une licence exigée) – et un extrait de mon casier judiciaire vierge suffisent pour postuler.

Nous sommes au mois de septembre, l'année scolaire vient de commencer et j'ai peur d'avoir raté le coche. Tous les postes doivent déjà être pourvus. Mais cinq jours après l'envoi de ma candidature, je suis convoquée pour un entretien à la DSDEN (Direction des services départementaux de l'Éducation nationale) du 93 à Bobigny. Je patiente dans un couloir entre une machine à café et une photocopieuse. J'ai l'impression d'être dans la salle d'attente d'un médecin parisien qui consulte sans rendez-vous. Je suis entourée de candidates très stressées qui échangent des conseils – et pas toujours les meilleurs : « Je vais leur dire que si je n'ai pas d'autorité à la maison avec mes trois enfants, c'est parce que je les aime trop. Avec une classe ça sera différent, je pourrai les punir parce qu'il n'y aura pas d'affect. »

Arrive enfin mon tour. J'ai l'impression de retourner à la fac et de me présenter à un oral que je n'ai pas révisé.

Dans une grande salle vide, deux personnes très sérieuses m'invitent à m'asseoir. D'un côté une femme souriante qui tente de me mettre à l'aise, de l'autre une caricature d'inspecteur qui lance le chronomètre avant même d'avoir relevé la tête pour me saluer. Apparemment je dispose de vingt minutes, mais pour quoi ?

« Présentez-vous. Pourquoi êtes-vous ici ? Demain vous avez une classe, qu'est-ce que vous faites ? Un élève de maternelle rate très souvent l'école, comment vous intervenez ? Comment réagiriez-vous si un enfant devenait violent ? Rédigez un mot pour prévenir les parents que vous avez une séance de sport avec votre classe le lendemain. Que faites-vous si certains élèves n'ont pas leurs affaires ?

– Je reste avec eux pendant la séance et je leur donne du travail puisqu'ils n'ont pas la bonne tenue, répond fièrement la lèche-cul. (Un nouveau rôle que je maîtrise étonnamment bien.)

– Ça va poser problème, madame, puisque le prof de sport, c'est vous ! rétorque Inspecteur-Coincé, trop content de me piéger. Accepteriez-vous un enfant handicapé dans votre classe ? (Est-ce que certains candidats répondent vraiment “non” ?) Vous donnez une consigne et personne ne comprend, que faites-vous ?… »

Driiiing. Les vingt minutes d'interrogatoire se terminent et je n'ai même pas le temps de me lever pour quitter la pièce que les deux inspecteurs ont déjà le nez dans leurs notes pour rédiger ma « déposition ». Je ne sais pas trop quoi penser de cet entretien. Je n'ai eu à répondre à aucune question qui permettrait d'évaluer mon niveau en français, ni en géographie, en histoire ou encore en mathématiques. Je comprends qu'il s'agit plutôt d'évaluer mon sens des responsabilités et mon état psychologique.

Trois jours plus tard, un e-mail : ma candidature est acceptée, je suis convoquée à une réunion d'information pour signer un CDD qui démarre… à la fin de la semaine ! Maîtresse, à la fin de la semaine je suis maîtresse ! Ma classe sera de toutes les couleurs, avec des papillons et des guirlandes de papiers en forme de cœur. J'organiserai des ateliers de théâtre, de danse, d'arts plastiques, de musique… Je ferai aimer aux enfants la lecture, la poésie, la littérature. On fera des mathématiques, de la conjugaison, des dictées, toujours sous forme de jeux. Le département du 93 a mauvaise réputation et comme personne ne sait expliquer pourquoi c'est si terrible, je suis convaincue que ma bienveillance et ma motivation feront la différence.

Retour à la DSDEN de Bobigny pour la réunion d'information avec la trentaine de personnes qui ont survécu à l'interrogatoire. Pendant une heure, l'inspectrice adjointe de la DSDEN du 93 nous présente le département. « Ceux qui enseignent dans le 93 sont des militants, on n'atterrit pas ici par hasard mais par conviction. » « Vous êtes dans un département en grande difficulté, qui compte 60 % des établissements en REP ou REP+ (réseau d'éducation prioritaire). » « Pas de devoirs à la maison, pour préserver l'égalité des chances entre les élèves. » « Nous visons la réussite pour tous les élèves de la République. » « Nous sommes farouchement opposés à l'exclusion. » Des réflexions flippantes aussi, qui ne passent pas inaperçues malgré le ton léger employé : « Ne vous retournez pas trop longtemps au tableau, ou vous découvrirez vite qu'il peut se passer beaucoup de choses dans votre dos » (rires crispés). « Vous serez forcément en conflit avec certains élèves ou leurs parents, je le sais parce que les plaintes passent par nos services. Ça arrive tout le temps, ne le prenez pas trop à cœur et gardez votre calme. »

L'inspectrice adjointe évoque très rapidement quelques sites internet « bien faits » où l'on peut trouver des supports pour enseigner et… c'est tout ! Pas une brochure, pas une formation, pas une interface pour trouver les programmes, pas une recommandation pour découvrir les méthodes d'apprentissage.

Et concrètement, comment ça se passe ? « Nous vous avons attribué à chacun une école de rattachement. Vous devez vous rendre tous les jours dans cette école et appeler votre gestionnaire à partir de 8 h 30 pour lui signifier que vous êtes disponible, s'il ne vous a pas déjà contacté. Dès qu'on vous attribue une mission, vous vous rendez sur place au plus vite. Si vous n'avez pas d'affectation, vous restez en observation dans votre école de rattachement mais vous ne devez pas y enseigner. Les instructions viennent seulement de votre gestionnaire. »

On passe à la partie que tout le monde attend, l'argent ! « Vos salaires sont calculés en fonction de votre niveau d'études et de votre ancienneté. Vous percevrez des primes journalières lorsque vous enseignerez en réseau d'éducation prioritaire (environ 4 euros) ou REP+ (environ 6 euros). Vous serez payés tous les jours, même si vous n'avez pas d'affectation. Vous êtes sur un contrat à temps plein jusqu'au 31 août et vous serez évidemment payés pendant les vacances scolaires. Venez signer vos contrats. »

Pif paf pouf, je viens de m'engager pour une année scolaire. Je repars avec un exemplaire de mon contrat et pour seule consigne de me rendre dans mon école de rattachement à Pantin le lendemain pour passer une journée en « observation ». Je ne saisis pas encore que cette journée sera ma seule et unique préparation avant d'être baladée tous les jours aux quatre coins d'un des départements les plus difficiles de France pour enseigner dans des classes de maternelles et d'élémentaires, à des élèves de 3 à 12 ans. Je plane sur ma licorne couleur arc-en-ciel, à des années-lumière d'une triste réalité qui va très vite me rattraper.

1

La première rentrée des classes de ma nouvelle vie

Jour 1

Mon cartable est prêt : un cahier, un stylo quatre couleurs, mes notes de la veille. Je suis excitée comme une enfant qui se réveille le jour de Noël. 8 heures. Je décide de me rendre dans mon école de rattachement en avance pour trouver un bon poste d'observation, cap sur Pantin. Première déception : personne n'est au courant de ma venue, personne n'est là pour m'accueillir ni pour m'expliquer quoi que ce soit. Le gardien m'autorise à entrer dans l'école, je déambule seule dans les couloirs, dans la cour de récréation. J'observe les salles de classe, les décorations, les portemanteaux avec le nom de chaque enfant… Je renoue avec cet univers que j'ai quitté il y a si longtemps et qui me semble pourtant encore très familier.

8 h 30. « Bonjour, je m'appelle Marion. Je suis enseignante contractuelle et je viens en observation dans votre école toute la journée ! » La directrice : « Eh bah, je suis pas au courant, super. Laisse-moi le temps d'arriver, d'aérer parce que j'ai des souris mortes dans mon bureau et ça sent très mauvais… et après je réfléchis à ce que je vais faire de toi. Visite la cour de récréation en attendant. »

Je flâne et finis par trouver la salle des maîtres, guidée par l'odeur du café. « Interdit aux enfants. » Stop devant la porte, vieux réflexe sorti du passé. Je m'apprête à découvrir la pièce secrète des adultes. Décevant. Une salle, une grande table, un micro-ondes et une photocopieuse. Des enseignants pressés qui courent dans tous les sens.

La directrice nous rejoint et me présente une prof qui ressemble à celles que j'ai pu avoir dans mon enfance. « Tu seras avec Mme Mireille, en CE2, pour la matinée. »

9 heures. La cloche sonne. J'observe avec émotion tous les enfants dans la cour qui rigolent, se bousculent, discutent et qui finissent par se ranger « deux par deux » devant leur enseignant.

« Les enfants, je vous présente la maîtresse Marion qui vient regarder comment on travaille. Ali, viens écrire la date au tableau.

– Aujourd'hui nous sommes le jeudi 5 octobre 2017… Hier, nous étions le mercredi 4 octobre 2017… Demain nous serons le vendredi 6 octobre 2017. »

Une leçon de conjugaison qui vise à distinguer le passé, le présent et le futur, quelques opérations mathématiques et c'est déjà l'heure du déjeuner, le premier en salle des maîtres. Les enseignants parlent des élèves en difficulté et des problèmes de discipline. Une jeune maîtresse prévient à voix basse qu'elle est à bout : « Je sais pas si je vais y arriver. Ils ne m'écoutent pas, je n'arrive à rien. » Ses collègues la rassurent entre deux coups de fourchette : « On est tous passés par là à nos débuts. Tu dois t'affirmer. » Fin du déjeuner, cet après-midi je suis en CP ! L'occasion d'observer et de comprendre le fonctionnement du niveau que je redoute le plus parce que je n'ai pas la moindre idée des techniques d'apprentissage pour la lecture et l'écriture.

« M + A = ?

– MAAA.

– B + O = ?

– BOOO.

– J'ai un crayon bleu dans ma trousse, Juliette m'en offre un rouge, combien j'ai de stylos maintenant ?

– DEUUUUUX. »

Alors que je prends consciencieusement des notes sur les techniques d'enseignement utilisées par la maîtresse qui fait cours, deux élèves extérieurs viennent me chercher et me demandent de les suivre. Une enseignante est absente, je dois prendre sa classe au débotté, m'explique la directrice :

« Tu vas commencer plus vite que prévu, j'ai une classe de CE2 sur les bras. »

Flash-back : « Vous restez en observation dans votre école de rattachement, vous ne devez absolument pas y enseigner. » (Euh… c'est-à-dire que, là, je me vois mal refuser et puis ça n'a pas l'air d'une proposition.)

« Je vous présente votre remplaçante pour cet après-midi. Rappelle-moi ton nom ?

– Marion !

– Ton nom ! Tu es maîtresse, première erreur… Les élèves n'ont pas à connaître ton prénom, c'est la base. »

Oups.

« Euh bonjour, alors euh… maintenant que vous connaissez mon nom euh… je voudrais connaître les vôtres. Sortez une feuille et faites-moi rapidement des étiquettes s'il vous plaît. (Ok euh bon et après ? Euh… vite vite une idée… euh… un portrait chinois ! Merci les colonies de vacances.) Pour que j'apprenne à mieux vous connaître, vous allez réaliser un portrait chinois. Qui est-ce qui sait ce que c'est ?

– C'est la carte d'identité des Chinois !

– On doit dessiner un Chinois !

– On doit écrire un texte sur un Chinois !

– Nous allons imaginer ce que nous aimerions être si on pouvait se transformer en animal, en plat cuisiné, en fruit, en chanson… Par exemple, moi si j'étais un animal, je serais un chat parce que je pourrais rester au chaud dans ma maison toute la journée à attendre le retour de mon maître pour recevoir des câlins. »

Les élèves accrochent tout de suite avec l'exercice :

« Moi je serais un tigre, pour courir vite et comme ça je serais le plus fort !

– Moi je serais le chien de ma mamie comme ça je serais tout le temps avec elle !

– Je serais un perroquet, parce que j'aime bien les perroquets, c'est rigolo !

– Et toi au fond de la classe, si tu étais un animal, qu'est-ce que tu aimerais être ?

– Je connais pas d'animaux.

– Personne n'a un chien, un chat, un lapin dans ta famille… ?

– Non.

– Tu n'as jamais été au zoo, par exemple ?

– Ah si, je sais. Je voudrais être un lézard.

– Ahhhh tu vois ! Et pourquoi un lézard, qu'est-ce qui te plairait ?

– Je voudrais être un lézard pour être invisible et disparaître. »

Gloups.

Pendant que tous les élèves s'amusent à imaginer d'improbables réincarnations, je constate qu'une petite fille s'agite au fond dans le coin bibliothèque :

« Qu'est-ce que tu fais là-bas, alors que tout le monde travaille ?

– Moi aussi je travaille, maîtresse, c'est ma place.

– Ta place c'est dans la bibliothèque ? La tête dans les livres et dos au tableau ? Ça n'est pas parce que je suis remplaçante qu'il faut me raconter n'importe quoi !

– Siiii, maîtresse, c'est vrai c'est sa place. Comme Maria fait toujours des bêtises, la maîtresse lui a demandé de s'asseoir ici maintenant.

Flash-back : « Nous visons la réussite pour tous les élèves de la République. » « Pas de punition, mais de la communication, de l'échange. » « Nous sommes farouchement opposés à l'exclusion. »

– Eh bien avec moi, ta place, c'est face au tableau. Tu viens t'asseoir au premier rang. »

Après la récréation, les élèves m'expliquent qu'ils ont sport dans la cour :

« Qu'est-ce que vous avez l'habitude de faire ?

– La balle aux prisonniers !

– Qui est-ce qui veut bien rappeler les règles ? (Ça ne me fera pas de mal !)

– Il y a deux équipes et faut viser les autres pour qu'ils deviennent prisonniers… »

Alors que je commence à prendre confiance, une bagarre éclate entre la petite fille de la bibliothèque et un autre élève.

« Arrêtez immédiatement ! »

Ils continuent à se battre, ils se donnent des coups de pied dans la classe.

« ARRÊTEZ !!! » (Wow je viens de crier !)

Aucune réaction. Je suis obligée de m'interposer physiquement.

« QU'EST-CE QU'IL SE PASSE ?

– C'est cette bouffonne ! Elle a volé ma gomme !

– Est-ce que c'est une raison pour la taper ?

– J'AI PAS VOLÉ TA GOMME, CONNARD !

– OHHHHH ! Est-ce qu'on a le droit de dire des gros mots ? Est-ce que la violence est une solution ? »

Que doit-on faire en cas de dispute ? Je crois avoir désamorcé la bombe en imposant le dialogue et j'emmène enfin la classe dans la cour pour une partie de balle aux prisonniers. Mais dès que je me retourne, la bagarre repart de plus belle ! Maria s'en va à l'autre bout de la cour en criant et en insultant son camarade de toutes ses forces. Je n'ai plus aucune prise, cette petite fille pète un câble pour une histoire de gomme. Je n'ai pas encore eu le temps d'intégrer qu'on s'adresse à moi quand j'entends le mot « maîtresse » que je me retrouve à courir après Maria qui s'isole à l'autre bout de la cour pour laisser exploser sa colère :

« Reviens ici, on va discuter.

– Je veux pas te parler, lâche-moi !

– Qu'est-ce qui te met très en colère ? Parle-moi…

– JE VEUX PAS TE PARLER, JE VEUX PAS TE VOIR ! »

16 h 30. La cloche sonne, c'est l'heure des parents. Je rassemble les élèves et je les accompagne au portail. Le père de Maria s'avance et me demande :

« Vous êtes la remplaçante ? Ça s'est bien passé ? (Celle-là non plus, je ne l'avais pas vue venir…)

– Maria, est-ce que ça s'est bien passé aujourd'hui ?

– Un peu…

– Maria ?

– NON ! Mais c'est parce qu'on m'a embêtée, j'avais pas volé la gomme. »

Le père me regarde, inquiet et en colère, puis me questionne pour savoir ce qu'il en est :

« Maria s'est disputée avec un camarade cet après-midi, pour une histoire de gomme. Ils se sont bagarrés plusieurs fois. Votre fille était très en colère, elle a refusé de m'obéir et de me parler.

– On va régler ça à la maison… » conclut le père, excédé.

Fin de ma première journée. Malgré les derniers incidents, je trouve que je m'en suis plutôt bien sortie. Un collègue vient me voir pour me demander si j'ai réussi à canaliser les enfants de la classe qui a eu raison de la jeune enseignante à bout que j'avais croisée à la pause du midi. Je ne comprends la situation qu'à ce moment-là.

« Quelques problèmes de violence en classe, notamment avec Maria qui donne des coups dès qu'elle est frustrée.

– Arf oui, on a beaucoup de problèmes avec elle… Elle est très agressive et violente, mais enfin elle a des raisons d'être en colère. On pense que son père la bat. Bravo pour ta première journée en tout cas. À une prochaine ! »

Évidemment, un enfant est souvent violent parce qu'il reproduit ce qu'il subit, ce qu'il voit, et je viens de dire à son père qu'elle n'avait pas été sage. « On va régler ça à la maison »… cette phrase me hante encore.

Jour 2

Après cette journée d'observation qui n'en était donc pas une, je commence les remplacements. 7 h 45. Je suis déjà devant le portail d'une école au Blanc-Mesnil, il fait encore nuit quand je croise la directrice :

« Bonjour… Vous venez remplacer qui ?

– Mme Céleste.

– Nous n'avons pas de Mme Céleste ici… et tous nos enseignants sont là aujourd'hui. »

Un petit coup de fil à ma gestionnaire s'impose :

« Il n'y a pas de Mme Céleste dans cette école.

– … Je vous rappelle. »

Trente minutes plus tard :

« Alors effectivement, vous êtes actuellement dans l'école de rattachement de Mme Céleste qui est bien absente, mais il faut vous rendre dans l'école où elle enseigne à l'autre bout du Blanc-Mesnil. »

Un bus, un tram et un appel de la directrice de la « bonne » école :

« Les élèves ont piscine, on vous attend, pourquoi vous mettez autant de temps à arriver ? » Peut-être parce qu'on m'a envoyée dans la mauvaise école…

Je saute, essoufflée, dans un car prêt à partir où les élèves survoltés à l'idée d'aller à la piscine sont déjà installés. Après un rapide passage agité par les vestiaires, tous les enfants sont rassemblés au bord du bassin, par groupes de niveau. Les maîtres-nageurs viennent récupérer tour à tour les élèves, quand l'un d'eux m'interpelle :

« Le dernier groupe, c'est ceux qui ne savent pas nager. Ils sont avec toi.

– Avec moi, c'est-à-dire ? Parce que je n'ai pas mon maillot de bain et puis je ne sais pas apprendre à nager…

– T'inquiète, tu prends la perche pour les aider et ils doivent s'entraîner à sauter dans le petit bain sans avoir peur. »

Pantalon relevé, orteils mouillés, je tente de faire face avec dignité et professionnalisme : « Allez Fatoumata saute, ça va aller ! Je suis là, si tu es en difficulté je saute dans l'eau, c'est promis, il ne peut rien t'arriver… » (JE SUIS VRAIMENT EN TRAIN D'APPRENDRE À NAGER À DES ENFANTS MORTS DE TROUILLE LÀ ?)

Après ce merveilleux cours de natation, retour à l'école pour le déjeuner. Je rencontre la directrice de cet établissement scolaire vétuste et entouré de barres HLM :

« Tu veux t'acheter à manger ? Tu dois traverser la départementale et derrière il y a un Carrefour. Mais fais gaffe à ton sac.

– Ah oui, j'ai mis de la craie dessus c'est pas très grave, ça part.

– Je te parle pas de la craie, là, fais gaffe à ton sac quand tu sors de l'école, il y a beaucoup de vols à l'arraché. »

Le supermarché au pied des tours est à l'image de l'école : sinistre ! J'ai l'impression de faire mes courses dans un pays en pénurie.

De retour dans l'école, accrochée à mon sac à main, je carbure à ma pause déjeuner pour préparer les apprentissages de l'après-midi : double charge de travail puisque j'ai un double niveau CE2-CM1. Je m'applique à copier au tableau « façon maîtresse » (lettres rondes, majuscules d'un autre temps, codes couleurs pour les titres) des exercices trouvés sur internet. Puis, satisfaite, j'explique les consignes aux élèves, réponds aux questions et mets la classe au travail. Je m'étais préparée à devoir canaliser des classes agitées, à gérer des enfants indisciplinés, mais la réalité est bien plus triste. En faisant le tour des tables pour contrôler le travail des élèves, je constate que nous sommes très loin des objectifs fixés par l'Éducation nationale puisque beaucoup d'élèves ne savent pas lire ni écrire.

Jour 3

Je parcours tous les matins plusieurs kilomètres en transports en commun et à pied (puisque certains établissements sont très mal desservis et que la distance entre mon domicile et mon affectation n'est pas considérée) pour remplacer des enseignants… qui n'ont, pour la plupart, pas besoin d'être remplacés ! Ma gestionnaire – qui joue sans cesse la carte du malentendu au lieu d'assumer ses erreurs – me renvoie sur-le-champ dans d'autres écoles, souvent dans d'autres villes, avec un aplomb déconcertant.

Mon premier jour au sein de l'Éducation nationale en grève ressemble à l'émission télévisée *Pékin Express*, le divertissement en moins. Une matinée passée à parcourir vingt-cinq kilomètres entre 8 heures et 11 heures du matin pour tester cinq écoles différentes à Drancy, au Bourget puis à Pantin. Dans les trois premières où je me rends, les directeurs d'établissement s'étonnent de ma venue puisqu'il n'y a pas besoin de remplaçant. J'arrive finalement dans une école maternelle du Bourget vers 11 heures. C'est la première fois que j'ai une affectation chez les petits et on me confie une petite section, soit des bébés encore apeurés par leurs premières journées d'école.

« Bonjour, je suis Marion votre maîtresse pour la journée. »

Les enfants relèvent à peine leurs petits bouts de nez pour me saluer puisque l'ATSEM (agent territorial spécialisé des écoles maternelles) leur a donné des coloriages en attendant mon arrivée. Je découvre avec eux le matériel pédagogique : des perles, des puzzles, des jeux de construction… Je décide de leur lire une histoire pour terminer la matinée, j'attrape un livre au hasard dans la bibliothèque de la classe :

« La petite fille Camille jette son nounours par-dessus la balustrade du jardin pour le protéger de sa méchante voisine, Chloé. Stupeur, tous les enfants se mettent à pleurer.

– Maîtresse, c'est pas gentil de jeter le nounours, il a dû avoir mal. Camille, elle est méchante. »

Les enfants réclament des câlins pour se remettre de leurs émotions, adorable ! À peine ai-je le temps de créer un semblant de relation que la cloche sonne l'heure du déjeuner. J'escorte la classe jusqu'à l'entrée de l'école où les parents attendent. C'est un moment délicat pour les remplaçants parce que chaque enfant doit être confié à un proche autorisé, logique. Seulement comment savoir qui l'est et qui ne l'est pas ? On ne va pas demander la carte d'identité de tout le monde et vérifier les autorisations pour chaque élève. Alors on se rassure : un enfant part seulement avec une personne en qui il a confiance… Seulement voilà, dans des cas extrêmes certains parents ont interdiction d'approcher l'enfant. J'ai toujours peur de commettre l'irréparable. Compliqué de gérer le portail quand on ne connaît ni les enfants, ni l'école, et encore moins les histoires de familles. Après avoir confié les enfants aux parents, je retrouve la directrice pour lui demander à quelle heure reprennent les cours :

« Il n'y a pas école le mardi après-midi au Bourget. »

Appel à ma gestionnaire :

« Vous restez dans l'école aujourd'hui, et demain je vous donnerai une nouvelle affectation.

– Sauf que nous sommes mardi et au Bourget…

– Oui, et alors ?

– … Je suis très heureuse de vous apprendre qu'il n'y pas école le mardi après-midi dans cette ville. Je vous préviens, je refuse de courir à l'autre bout du département.

– Ha ! Euh… Bah, on va dire que c'est bon pour vous aujourd'hui alors. Retournez en observation dans votre école de rattachement à Pantin.

– Et ma pause déjeuner ?

– Bah, pour aujourd'hui c'est raté. »

Cette journée me fait perdre pied, je n'ai pas signé pour passer mon temps dans les transports en commun et ma motivation en prend un sacré coup. Je décide d'écrire à l'académie de Créteil pour signaler les dysfonctionnements observés en l'espace de seulement quelques jours. Ça marche, je change de gestionnaire. La suivante, beaucoup plus agréable, reste difficile à joindre chaque matin. Dans 90 % des cas, c'est moi qui appelle pour connaître mon affectation. Elle semble n'avoir aucune visibilité sur l'emploi du temps des contractuels, ne sait absolument pas qui est déjà en mission et qui reste disponible, à tel point qu'elle me donne parfois plusieurs affectations le même jour… quand elle n'est pas étonnée d'apprendre que je n'en ai pas !

Jours 4 et 5

Première affectation pour deux jours consécutifs, à une classe de CM2 dans une école de Pantin. Les élèves sont vifs, motivés, réactifs, ils ont envie d'apprendre. Je suis enfin dans un environnement tel que je l'imaginais quand j'ai décidé d'enseigner. Pour la première fois, je peux tester mon aptitude à expliquer. Mais si les élèves engloutissent les exercices comme des bonbons, je constate encore les dysfonctionnements de l'administration. Une autre remplaçante entre soudain dans ma classe et m'explique, étonnée, qu'elle était chargée de ce même groupe la veille ; elle ne comprend pas pourquoi on a modifié son affectation dans la même école alors qu'elle commençait à connaître ces élèves… *Bis repetita* pour les enfants, la même semaine, puisque je ne remplacerai pas leur enseignante pendant la totalité de son arrêt maladie. Pourquoi ne pas laisser le même remplaçant s'installer pendant toute la période, histoire de s'attaquer plus sérieusement au programme et d'offrir des repères aux élèves ? Le mystère reste entier.

Jour 6

Direction Bagnolet pour une classe à double niveau, moyenne et grande section de maternelle. L'équipe est accueillante, l'école mignonne. Je n'ai toujours pas eu la possibilité de me familiariser avec le matériel et les objectifs pour les 3-6 ans. J'ai juste eu le temps de comprendre que ces groupes fonctionnent toujours avec un système d'ateliers mais cela me semble encore trop compliqué d'expliquer quatre consignes différentes à ces petits bouts, et puis, je l'avoue, je ne comprends toujours pas ce que je suis censée leur apprendre.

Je me lance donc dans l'histoire d'un petit prince qui cherche un trésor, une aventure trépidante avec les amis canard, loup et oiseau créés en origami (encore merci les colos !). Je décide de travailler la compréhension orale autour de l'histoire que je viens de raconter puis je demande aux enfants d'imaginer et de créer le trésor du petit prince. Découpage, collage, coloriage, tout est permis ! Je suis un peu dépassée par les nombreuses sollicitations des enfants, surprise par les démonstrations d'affection (bisous, câlins) mais aussi par le désordre que ces petits monstres arrivent à mettre dans la classe en une fraction de seconde ! Je n'ai pas d'enfant et j'ai du mal à imposer une autorité avec les tout-petits parce que je ne sais pas encore quel niveau de compréhension du monde ils ont à 4-5 ans. Visiblement suffisant pour le yoga puisqu'on me demande d'improviser un cours dans l'après-midi, pour suivre l'emploi du temps de l'enseignante que je remplace. Il y a des choses qui ne s'inventent pas !

Semaine 3

Affectation d'une semaine dans une classe dc grande section de maternelle à Bobigny, les choses sérieuses commencent ! L'école est difficile à trouver, bien qu'elle soit implantée au beau milieu d'une cité. L'établissement (un bloc de béton brut) est sale, triste, mais les classes, elles, sont plutôt joyeuses grâce à la créativité des enseignantes qui s'appliquent à cacher la misère avec des dessins et des collages. Ainsi chaque classe a été rebaptisée d'un nom d'animal et décorée en fonction du thème : les lions, les ours, les girafes, les pingouins…

Cette semaine complète de remplacement est pour moi l'occasion de mettre en place les fameux ateliers dont j'ai tant entendu parler. Je prépare consciencieusement quatre activités différentes, qui sollicitent quatre compétences à acquérir. Pleine d'aplomb et d'assurance, j'explique les consignes pour réaliser les différents ateliers… et j'accomplis à la perfection toutes les erreurs à ne pas commettre.

Règle numéro 1 : ne jamais distribuer le matériel aux enfants avant d'avoir fini d'expliquer toutes les consignes. Une fois qu'ils en ont pris possession, vous n'existez plus.

Règle numéro 2 : sur les quatre ateliers, trois doivent pouvoir s'exécuter en autonomie, c'est-à-dire s'appuyer sur des compétences déjà sollicitées auparavant, voire acquises, afin que les élèves travaillent seuls. La maîtresse peut ainsi se consacrer au quatrième atelier, plus complexe, et prendre le temps nécessaire avec le groupe qui le réalise.

« C'est en faisant des erreurs qu'on apprend », me direz-vous. Mais j'aurais tout de même apprécié qu'on me communique ces quelques règles élémentaires dès le début.

Je comprends rapidement qu'il n'y a pas que les enfants que je dois apprendre à gérer, il y a les parents aussi. 16 heures, c'est la sortie des classes. Excité à l'idée de retrouver sa maman, Aboubacar se fait pipi dessus. Il a honte, essaie de se cacher mais je finis par m'en apercevoir. Que faire ? Aller le changer aux toilettes et laisser le reste de la classe sans surveillance ? Ai-je seulement le droit de changer un élève ? Où trouver des affaires de rechange ? Je pars du principe qu'il est indigne de laisser un enfant mouillé dans son pipi et je décide de le changer, quand sa mère arrive. Gênée, je lui explique que son fils a eu un petit accident. Sa réaction est aussi imprévisible et soudaine que cette fuite urinaire, elle se met à crier devant toute la classe :

« Bouhhhh il a fait pipi dans sa culotte, les enfants tous avec moi : "Il a fait pipi dans sa culotte !" »

Mort de honte, Aboubacar se met à pleurer. La scène est surréaliste, les enfants n'ont jamais été aussi silencieux. J'interviens comme je peux :

« Madame, ça n'est pas grave. Pas la peine d'humilier votre fils devant les autres enfants. » Le petit garçon repart les fesses mouillées, le visage couvert de larmes.

J'arrive plus tôt le matin suivant, afin d'avoir le temps de bien préparer mes activités avant l'arrivée des enfants : je trace des formes à découper, je remplis les pots de peinture, recouvre les tables de nappes… J'ai même préparé de la pâte à sel la veille pour qu'on s'amuse à modeler des animaux.

« Vous êtes arrivée tôt ce matin, me lance une maman en déposant son enfant dans la classe. Quand j'ai vu la lumière, j'ai cru qu'on était en retard pour l'école. Vous m'avez fait peur !

– Comment vous savez que je suis arrivée tôt ? dis-je, intriguée.

– On habite tous dans les tours juste là, c'est pratique, on voit l'école. »

Pratique ou parfaitement déprimant, au choix. Les enfants voient leur appartement depuis la classe et vice-versa. Le quartier est un genre d'enclos en béton qui abrite une triste aire de jeux, sans oublier bien sûr la boulangerie, le supermarché et le McDo, histoire de limiter les raisons de s'aventurer au-delà du périmètre établi.

C'est aussi dans cette classe que j'ai pour la première fois sous ma responsabilité un enfant handicapé. Il s'appelle Idris, c'est un petit garçon trisomique. Pour pouvoir l'intégrer au mieux, je suis aidée à mi-temps par une auxiliaire de vie scolaire, dite AVS, dont le rôle est d'accompagner les élèves en difficulté ou en situation de handicap. Dans ce cas précis, elle m'aide à assurer l'intégrité physique de l'enfant puisqu'il porte tout ce qu'il trouve à la bouche (pâte à modeler, ciseaux, papier…) et n'a aucune notion du danger. Lorsque l'AVS s'absente, il est très difficile de répondre à ses besoins sans délaisser le reste de la classe. Idris a souvent besoin d'être rassuré, cajolé, chose pas évidente lorsqu'on souhaite mettre au travail vingt-trois autres enfants de 4 ans. Mais les enfants sont très patients avec lui.

Durant cette semaine, je découvre aussi ce qui se cache derrière le mot « motricité », une matière qu'on me demande de pratiquer tous les jours en maternelle. Il s'agit en réalité du cours de sport pour les petits. Des jeux pour leur permettre d'appréhender l'autre, d'évaluer les distances, de développer des capacités physiques comme courir, sauter, ramper, marcher en équilibre, de prendre conscience de leur propre corps aussi. Comment pourrais-je savoir ce qui leur convient ? Si on trouve plein d'exercices sur internet, plus ou moins bien expliqués, j'aurais bien aimé qu'un document explicatif concernant les capacités physiques des enfants en fonction des âges me soit remis, pour adapter au mieux les séances et les activités.

Parfois, je demande conseil aux collègues, qui me répondent quand ils ont le temps et l'envie d'aider. Mais les contractuels ont mauvaise réputation auprès des titulaires, qui considèrent qu'ils dévalorisent leur profession en exerçant sans avoir fait les études adéquates, ce que je peux totalement comprendre. Après tout, avoir recours à des contractuels pour enseigner, c'est un peu comme considérer que la mission de l'Éducation nationale se limite à mettre un adulte devant les enfants. Durant l'année scolaire 2016-2017, 2 500 contractuels ont exercé dans le premier degré, sur un total de 340 000 titulaires dans le pays, et, en 2018, 571 contractuels ont été recrutés dans le 93, sur un total de 10 230 enseignants.

J'ai bien conscience que je ne suis pas encore apte à faire fonctionner une classe comme il se doit. Mes ateliers sont bancals, mon autorité timide (ce que l'AVS ne manque pas de souligner dès qu'elle le peut devant les élèves : « Je dirai à la maîtresse Nassera que vous n'obéissez pas à la remplaçante parce qu'elle est trop gentille »). Je suis parfaitement consciente que je ne peux pas m'en vouloir dans la mesure où je n'ai reçu aucune formation, mais ça n'en reste pas moins frustrant. Pour me rassurer, je me répète souvent que la réussite scolaire de ces enfants ne dépend pas de mon passage éclair dans leur classe. Je fais ce que je peux, au mieux.

Séance de lecture plaisir :

« C'est l'histoire d'un petit monstre qui refuse de manger les animaux, contrairement aux autres. Ce monstre poilu est végétarien. Qui est-ce qui sait ce que ça veut dire "végétarien" ? » Comme souvent, les enfants sont prêts à s'arracher le bras lorsqu'ils lèvent le doigt dans l'espoir d'être interrogés, alors qu'ils n'ont parfois aucune réponse à donner…

« Moi-moi-moi-moiiiii !

– Ça veut dire qu'il est gentil !

– Il vit dans une grotte !

– Il a des poils partout ?

– "Vé-gé-ta-rien" cela signifie qu'il ne mange pas de viande. Qui est-ce qui sait ce que c'est de la viande ?

– Le mouton !

– Le cochon !

– Le steak !

– Le kebab !

– Moi je mange pas le *halouf* !

– Est-ce qu'il y a parmi vous des enfants végétariens ?

– Moi, maîtresse !

– Moi aussi.

– Moi !

– Moiiiii !

– Alors, si vous ne mangez pas de viande, vous êtes vé-gé-ta-riens.

– N'importe quoi, maîtresse, je suis pas végétarienne, je suis tunisienne ! » dit Yomna, 5 ans.

Pour faciliter la vie à la cantine, la plupart des parents dont la confession religieuse interdit le porc demandent à leurs enfants de dire qu'ils ne mangent pas de viande. Note pour plus tard : apprendre à maîtriser le fou rire.

Au bout d'une semaine complète d'affectation dans une classe de grande section de maternelle, je me rends compte que plusieurs élèves m'appellent « Maîtresse Cendrillon ». Apparemment, les enfants ne connaissent pas le prénom « Marion » et le nom qui s'en rapproche le plus, et s'impose naturellement ce jour-là, c'est « Cendrillon ». Je décide de ne pas les corriger.

Premières vacances scolaires, la Toussaint

Je suis épuisée ! Je comprends pour la première fois la nécessité des vacances régulières pour les enseignants, trop souvent raillée par les envieux, loin d'imaginer l'intensité de la concentration requise par cette profession. Mes proches suivent avec la plus grande attention les différentes aventures de ma nouvelle vie : ils sont stupéfaits, révoltés et parfois amusés par l'absurdité de certaines scènes que je décris. Mon quotidien ne laisse personne indifférent. Je ressens le besoin de raconter à qui veut bien l'entendre dans quelles conditions je travaille et me fixe un nouvel objectif : prendre des notes quotidiennes sur ma vie d'enseignante. Une exigence qui force au sens critique et à la mise en perspective.

Ces vacances sont aussi l'occasion de m'organiser en vue des prochains remplacements : pour jongler plus aisément entre les cycles 1, 2 et 3 (de la petite section de maternelle au CM2), je crée une « mallette », un classeur qui regroupe des exercices et des leçons adaptés à tous les niveaux. Apparemment, cette « mallette » existait officiellement au sein de l'Éducation nationale, pour les remplaçants. Réalité ou légende scolaire ? Si elle a existé je me demande bien pourquoi elle n'est plus disponible car elle serait bien utile aux débutants. Le gouffre est frappant entre les objectifs de l'Éducation nationale et la situation sur le terrain. Beaucoup d'élèves sont en très grande difficulté. Dans certaines classes que j'ai connues, un tiers des effectifs ne sait ni lire ni écrire en cycle 3 (CM1-CM2).

2

Le commandement quinze

Deuxième mois d'enseignement dans l'Éducation nationale

Chaque jour, c'est la surprise et l'improvisation quand j'arrive dans l'établissement (que j'ai souvent du mal à trouver puisque l'adresse des écoles est généralement incomplète sur le site de l'Éducation nationale). Le matin même ma gestionnaire est incapable de me dire quelle classe je vais prendre en charge. Impossible donc de préparer des leçons en amont, ne serait-ce que dans les transports. Lorsque j'arrive dans la classe, je n'ai aucun brief sur rien (motif de l'absence de l'enseignant, difficultés, niveau...). Officiellement, chaque enseignant est dans l'obligation de tenir un journal dans lequel il donne des informations sur l'avancée du programme et la vie de la classe. C'est souvent difficile de mettre la main sur ce cahier perdu au milieu de toutes les affaires dispersées, et encore faudrait-il avoir le temps d'en prendre connaissance ! En théorie c'est une bonne idée, en pratique c'est parfaitement inadapté pour des remplacements de courte durée. Pour preuve, j'écris souvent mon nom au tableau avec le manteau encore sur le dos et c'est parti pour l'improvisation !

Je démarre cette nouvelle semaine avec une classe de CM1 à Bobigny. Les élèves semblent a priori sages, attentifs, volontaires. Une assistante de vie scolaire est assise aux côtés de Dramane, un élève lourdement handicapé physique en fauteuil roulant. Cette femme a très envie de me parler, elle m'interrompt souvent pour me raconter sa vie, elle a elle-même un enfant handicapé, « c'est pourquoi elle sait parfaitement y faire ». Je demande aux élèves de lire les consignes de l'exercice que j'ai écrit au tableau puis j'interroge au hasard Halima, une petite fille qui devient rouge écarlate et se mure dans le silence. L'AVS amusée lance devant toute la classe : « Elle sait pas lire, elle fait jamais rien celle-ci, faut faire comme si elle existait pas ! » Très gênée, j'enchaîne pour que le malaise ne s'installe pas plus longtemps. Un autre enfant s'agite dans le fond de la classe, il se lève, se balade… Nouvelle intervention de l'assistante : « Faut faire attention à Samba, celui-là c'est un autiste très violent ! Dès qu'il commence à s'agiter, il faut appeler le directeur parce qu'il peut devenir brutal avec ses camarades. » Ma plus grande difficulté pendant cette matinée sera donc de gérer l'AVS qui n'a visiblement pas de formation en psychologie.

Avant la pause déjeuner, je questionne les élèves sur leur avenir, pour faire connaissance et parce que, je le confesse, cela m'amuse de découvrir les métiers idéalisés par les enfants. Beaucoup aspirent à devenir maître ou maîtresse, certains se voient policier, pompier. Visiblement, il y a des choses qui ne passent pas de mode. J'interroge Samba qui s'agite de nouveau, pour tenter de l'intégrer dans la conversation collective et le canaliser : « Moi, je veux fabriquer des armes pour tuer tout le monde et je commencerai par toute la classe ! » Je suis abasourdie.

*

Nouvelle affectation en maternelle. La petite enfance est la classe d'âge qui me demande le plus d'efforts et de concentration, tant pour appréhender les apprentissages que pour la gestion du temps. Après quelques jours, j'invente « le commandement quinze » : « Tu prévoiras quinze minutes pour tout ce que tu entreprendras avec des petits. » Les pauses pipi ? Quinze minutes, le temps que tout le monde se lave les mains. La durée de concentration pour chaque activité ? Quinze minutes, après ça décroche ! S'habiller avant la récréation ? Quinze minutes pour avoir le temps de fermer tous les manteaux, retrouver le gant manquant, enfoncer les bonnets sur les têtes. Ranger le matériel de la classe entre deux activités ? Quinze minutes, dont cinq pour reboucher tous les feutres correctement. Une fois qu'on a adopté le commandement quinze, tout va mieux.

Semaine 5

Fait froid ! Nous sommes en novembre 2017, l'hiver qui s'installe soudainement s'annonce particulièrement glacial. Je garde en mémoire cette sensation parce que la porte-fenêtrc vitrée de ma classe, qui donne sur l'extérieur, est cassée, laissant ainsi entrer la pluie, le vent et le froid. Conséquence évidente : mes élèves sont gelés. J'en parle aux collègues qui m'expliquent qu'elles ont fait de nombreuses demandes auprès de la mairie de Bobigny depuis le mois de septembre dans l'espoir que cette porte soit réparée à temps pour affronter l'hiver, disons, dans la dignité. Aucune réponse. Je ne savais même pas que les bâtiments étaient gérés par les mairies. Seuls les enseignants dépendent du ministère de l'Éducation nationale, ce qui explique très clairement pourquoi les villes les plus modestes ont des établissements d'un autre temps, lorsque les écoles des grandes villes disposent de ce qui se fait de mieux.

*

La semaine suivante, toujours à Bobigny, je suis avec des CM1. Les températures sont maintenant proches de zéro à l'extérieur… et à l'intérieur de l'école ! Les élèves s'installent en classe avec leurs manteaux.

« Comment ça se fait qu'il fait aussi froid dans votre école ?

– Le chauffage est cassé, maîtresse.

– Depuis longtemps ?

– Quelques semaines, mais parfois il remarche… »

Je donne moi-même cours en manteau et écharpe. Les élèves ont les doigts gelés, ils ont du mal à écrire. Les enseignants sont aussi désabusés que les élèves : « La panne de chauffage avait duré deux mois l'hiver dernier, j'espère que ça mettra moins de temps à être réparé cette année. »

*

Je peine à trouver ma nouvelle école maternelle puisque la gestionnaire n'est toujours pas en mesure de me communiquer une adresse précise… Je découvre ma classe de petite section et suis toujours aussi surprise de constater à quel point les élèves sont minuscules. L'ATSEM censée m'aider à encadrer les ateliers passe la matinée sur son téléphone portable, elle disparaît même une heure, sous prétexte de chercher ses lunettes de vue « probablement oubliées quelque part dans l'école », puis réapparaît à l'heure du déjeuner pour s'étonner de les voir en évidence sur le bureau de la maîtresse. Elle aurait quand même pu inventer un prétexte plus crédible pour s'éclipser !

Durant la pause déjeuner, les autres profs m'ignorent totalement, la directrice me parle uniquement pour m'ordonner de surveiller la sieste l'après-midi. Je déambule dans l'école à la recherche du dortoir que je finis par trouver, pour relayer les ATSEM qui ont mis les enfants au lit.

Seule adulte, je m'assois sur ma mini-chaise d'écolière, dans un dortoir plongé dans l'obscurité où je compte une cinquantaine de petits matelas éparpillés sur le sol. Il ne reste plus qu'à patienter deux heures… L'inexpérience rend naïf, n'est-ce pas ? Un enfant se réveille en larmes après un vilain cauchemar. Ses cris finissent par réveiller un deuxième enfant, puis un troisième… Les consoler dans le couloir pour stopper l'épidémie de réveils ? Cela signifie laisser les autres sans surveillance puisque je suis seule à cet étage du bâtiment. J'essaie de prendre les trois enfants dans mes bras, en équilibre sur ma mini-chaise, de rassurer, de sécher les larmes, et de les rendormir. Trente minutes de gratouille de cheveux plus tard, on n'entend plus que les respirations profondes des petits loulous.

Un répit de courte durée, car j'entends à nouveau des pleurs. Je m'approche du lit d'une petite fille : « J'ai fait pipiiiii ! » Direction les toilettes, même si je ne suis toujours pas rassurée à l'idée de m'absenter du dortoir, je n'ai plus le choix. Penda est trempée. Je lui demande d'enlever sa culotte pour pouvoir la nettoyer et la changer… mais impossible de trouver des lingettes et des affaires propres ! Je finis par la rincer avec du papier toilette et je lui demande de mettre son pantalon… sans culotte. Que faire de la culotte pleine de pipi ? Impossible de trouver des sacs plastique, je finis par choper un sac pour protection périodique dans les toilettes des femmes. On fait ce qu'on peut !

15 h 15. Fin de la sieste, les ATSEM reviennent pour m'aider à réveiller les enfants et les rhabiller. Je me permets de dire poliment qu'il aurait peut-être été utile de m'indiquer où se trouvent les affaires de rechange… Amusées, elles me répondent : « Ah oui, t'as dû galérer ! »

Je quitte cette école comme je suis arrivée, dans l'indifférence générale.

*

Lorsque j'ai une affectation en élémentaire, je demande systématiquement aux élèves de confectionner une étiquette avec leur prénom écrit en énorme, à déposer sur leur bureau pour faciliter les échanges. Deux petits rigolos de CM2 se rebaptisent « Booba » et « MHD ». Je les appelle ainsi toute la journée : « Hey, la maîtresse connaît les rappeurs ! » s'étonnent les enfants. Oui, ça m'a bien aidée ce coup-ci.

*

Nouvelle affectation en élémentaire le jeudi. Je m'installe dans une classe pour préparer mes leçons avant l'arrivée des élèves. Cinq minutes avant le retentissement de la cloche, le directeur monte dans la classe pour m'annoncer… que je ne suis pas dans la bonne école ! Une autre remplaçante vient d'arriver pour les élèves que je m'apprêtais à prendre en charge. Moi, je suis affectée dans l'école à côté, au fond du même parking.

Dans la bonne école, catégorisée REP+, on me confie une classe de CM2 bien agitée. Je dois les emmener en transports en commun à la piscine. Je pars avec un carnet de tickets de métro qui n'en compte pas assez pour tout le monde… Je m'en rends compte au moment du compostage, tant pis !

J'observe les enfants s'éclater dans l'eau, perchée en haut du toboggan dont on m'a confié la surveillance. Après la piscine, on reprend le tram pour rentrer à l'école à temps pour le déjeuner, sauf qu'il est bientôt midi : c'est l'heure de pointe. Ces préados sont surexcités après la baignade et j'ai du mal à les canaliser dans le wagon bondé. J'aperçois Punkgar, élève autiste, qui a réussi à trouver une place assise et semble discuter avec un passager. « Vache qui rit » sont les seuls mots que j'arrive à distinguer dans la bouche de l'homme avec qui il discute. Pas de raison apparente de s'inquiéter… sauf que ce passager s'agite, parle de plus en plus fort en s'adressant au groupe qui fait du bruit. Puis il se lève en hurlant sur les enfants : « Vous allez fermer vos gueules, au lieu de brailler comme des putains de vaches qui rient. » Je m'interpose tout de suite physiquement entre les enfants et l'homme. Ses propos sont incohérents, violents et je sens très nettement son haleine alcoolisée.

« Ce sont des enfants, monsieur, si vous avez quelque chose à dire, c'est à moi qu'il faut vous adresser, et vous baissez d'un ton.

– FERME TA GUEULE, j'vais vous niquer.

– Toi, tu fermes ta bouche et tu DÉGAGES !!! »

J'ai peur que l'incident n'en reste pas là. Tous les passagers observent la scène, sans dire un mot. Les enfants sont scotchés, ils ne font plus un bruit… Heureusement, nous arrivons à notre arrêt et je fais descendre mes élèves, tremblante. Un homme m'interpelle à la sortie du tram :

« M'dame, je voulais vous dire que j'étais prêt à intervenir si il vous avait tapée ! (Me voilà rassurée, merci de te manifester une fois la scène terminée, mec.)

– Woh… la maîtresse comment elle s'est vénère ! Elle nous a trop défendus. Elle a mangé le mec ! » Les élèves sont stupéfaits.

Je retrouve une autre enseignante, bloquée en tête de tram avec sa classe. Traumatisée, je lui raconte ce qu'il vient de se passer, je cherche son soutien :

« Pff, ils ont que ce qu'ils méritent. Si seulement, un jour, l'un d'entre eux pouvait s'en prendre une, peut-être que ça les calmerait et qu'ils arrêteraient de faire chier tout le monde. »

Mes mains se mettent à trembler de plus belle. Mon énervement se porte maintenant sur cette collègue. Comment parler ainsi de ses élèves ? En rentrant, je signale l'incident à la directrice de l'école qui me demande d'écrire un rapport. Vu sa réaction (aucune), je pense qu'il a atterri directement à la poubelle.

Les enfants, très dissipés toute la matinée, sont des petits anges l'après-midi. Ils m'obéissent au doigt et à l'œil. Parce que je leur ai montré ma considération… Ce qui ne semble pas arriver souvent.

*

Vendredi, classe de CM2 toujours à Bobigny. Je pensais vraiment que j'avais vécu le plus dur pour cette semaine. Erreur. Le directeur, accueillant et sympathique, préfère prévenir : la classe est difficile, d'ailleurs l'enseignant que je remplace est en *burn out*. Je fais connaissance avec les élèves, certains sont plus grands que moi en taille (pourtant, je mesure 1,75 mètre).

Dès les premières minutes, on me teste : deux élèves s'assoient sur les tables pendant que d'autres discutent à (très) haute voix alors que je suis en train de parler, pour signifier leur indifférence.

« Je vous préviens, je ne suis pas ici pour faire de la discipline et je refuse de crier. Je suis ici pour travailler, si possible en s'amusant. Si ça n'est pas possible, ça sera juste du travail et des sanctions pour ceux qui ne font pas d'efforts… À vous de voir si vous avez envie de passer une bonne journée ! »

Je découvre sur le bureau du maître de nombreuses punitions, avec les fameuses lignes à recopier : « En classe, je ne dois pas / je dois. » Il y a aussi des questionnaires à remplir pour tenter de rétablir le dialogue : « Qu'est-ce que tu as fait qui n'est pas autorisé ? Pourquoi est-ce que tu l'as quand même fait ? Est-ce que tu le regrettes ? Comment trouves-tu ton comportement ? Que faire pour ne pas recommencer ? Y a-t-il des choses qui t'énervent et dont tu veux parler ? » À la lecture des questionnaires, je comprends la détresse de cet enseignant qui essaye tant bien que mal de rétablir l'ordre dans sa classe.

Je commence à recopier les consignes d'un exercice de conjugaison au tableau, lorsque je reçois des bouts de gomme dans le dos :

« On ne s'est pas bien compris, si je vois encore un bout de gomme voler, vous passez la journée chez le directeur ! »

Éclats de rire des plus indisciplinés. Nouvelle tentative pour finir de recopier mon exercice au tableau. Cette fois, c'est une cartouche d'encre vide qui tombe à mes pieds.

« Les quatre au fond, vous me donnez vos carnets de correspondance.

– J'en ai pas !

– Alors tu vas chez le directeur…

– Non, je vais me calmer.

– C'est toi qui décides ?

– Non, mais c'est bon, c'était pour rigoler. J'arrête. »

Toute la journée sera interrompue de la sorte. En fin d'après-midi, à bout de nerfs et consciente que les menaces doivent être mises à exécution pour rester crédibles, je finis par envoyer un élève chez le directeur. Damien refuse de m'obéir. Je demande à un autre élève de la classe de ranger ses affaires et de l'accompagner chez le chef d'établissement. L'élève se met à crier, il refuse même de se lever dc sa chaise. Je m'assois sur le banc devant le tableau, j'arrête de parler et je suspends toutes les activités en cours.

La classe réagit :

« T'es relou, Damien, lève-toi !

– Tu fais chier…

– Écoute la maîtresse, bouge ! »

L'élève finit par céder à la pression de ses camarades. Je me crois tirée d'affaire…

Une demi-heure plus tard, j'entends du bruit dans le couloir, j'ouvre la porte pour voir ce qu'il se passe et découvre Damien (censé être chez le directeur) qui zone et s'amuse à balancer sur le sol toutes les affaires qu'il trouve pour se faire remarquer. Il me fixe, sourire aux lèvres, très satisfait d'avoir bafoué mon autorité et déjoué ma vigilance. Je demande à un autre élève d'aller chercher le directeur. Damien finit la journée dans son bureau et, malheureusement, ça n'a pas l'air de le contrarier.

Je suis épuisée par cette journée interminable, j'ai l'impression d'avoir fait la police et de ne pas avoir eu la possibilité d'enseigner quoi que ce soit à ces élèves, alors que certains d'entre eux manifestent une réelle volonté d'apprendre et un profond agacement vis-à-vis des perturbateurs.

Le rapport 2016 du Cnesco (Conseil national d'évaluation du système scolaire) intitulé *Comment l'école amplifie-t-elle les inégalités sociales et migratoires ?* montre que « sur les deux dimensions centrales dans la réussite scolaire (le temps d'apprentissage et l'expérience professionnelle des enseignants), les élèves issus de l'éducation prioritaire ne bénéficient pas d'une égalité de traitement. Le temps des apprentissages scolaires y est notablement raccourci (problèmes de discipline, exclusions et absences des élèves, absentéisme des enseignants) et le recours à des enseignants contractuels et débutants s'est accru sur la dernière décennie ». Ah, tiens !

Avant de partir, j'ai envie de parler au directeur :

« J'ai pas une grande expérience mais c'est la pire classe que j'ai jamais eue à gérer ! Vous devriez réagir et prendre des dispositions rapidement.

– Mais, qu'est-ce que je peux faire ? » me demande ce directeur, totalement démuni…

Finalement les équipes pédagogiques sont comme les établissements : totalement abandonnées par les pouvoirs publics.

Semaine 6

Nouvelle semaine complète d'affectation dans une moyenne section de maternelle à Bobigny. L'équipe pédagogique est jeune, dynamique et accueillante. Pour la première fois, je ne me sens pas jugée lorsque je demande des conseils et des recommandations à mes collègues, ce qui me permet de progresser beaucoup plus rapidement et surtout de constater les progrès de mes élèves de maternelle, ça fait plaisir ! Mes collègues me préviennent : « Rayan et Petre ont chacun perdu un parent récemment, ce qui explique leur timidité excessive, il ne faut surtout pas les brusquer. » Dur.

« Dessine-moi un mouton », je demande aux enfants de réaliser des boucles pour faire apparaître un mouton qu'il faudra ensuite colorier. Un exercice pompé lors d'un précédent remplacement dans une autre école. Les enfants s'en sortent pas trop mal, pourtant j'apprendrai plus tard qu'il s'agit plutôt d'une activité pour le niveau au-dessus… Oups.

Dans la semaine, j'accompagne la classe à un spectacle de Noël à la salle des fêtes de la mairie de Bobigny. Nous passons les quinze minutes du trajet en car à examiner les semelles des enfants à la recherche de celui, ou celle, qui aurait marché dans le caca et qui rend l'air irrespirable. À l'arrivée, je constate que l'heureuse élue, c'est moi !

Ça me fait du bien d'encadrer ces enfants en dehors d'une salle de classe.

Beaucoup d'enfants parlent une autre langue à la maison. Parfois, l'école est le seul endroit où ces polyglottes interagissent en français. Ces élèves sont particulièrement attentifs au langage de l'enseignant, alors je prends toujours le temps de reformuler leurs phrases correctement et de les faire répéter. Nadir est particulièrement en demande, mais comme il n'arrive pas à se souvenir de l'intégralité de mes phrases, il répète juste mes derniers mots. Imaginez une journée entière avec un enfant qui fait écho à tout ce que vous prononcez :

« Les enfants, vous rangez c'est l'heure de la récréation. "de la récréation"

– Qui n'a pas fermé son manteau ? "son manteau"

– Est-ce que vous avez des questions ? "avez des questions"

– Pablo, arrête d'embêter ta voisine "embêter ta voisine"

– On découpe la feuille et on colle "la feuille et on colle". »

J'ai l'impression de vivre la scène sous ecstasy du film *Les Trois Frères,* « T'as fini de répéter tout ce que je dis là » "tout ce que je dis" ! Rires nerveux en fin de journée.

Je termine la semaine avec le goûter de départ d'Abderrezak, un élève qui quitte l'école parce que sa famille déménage. Pour la première fois, je me sens intégrée et j'ai l'impression d'avoir noué une relation avec les élèves. Malgré un gros rhume, je suis plus motivée que jamais !

*

Tel un agent secret qui attend les détails de sa mission, j'appelle comme chaque matin ma gestionnaire à 8 h 30 pour connaitre mon affectation. Ce matin, personne au bout du fil malgré mes nombreux messages vocaux et mes mails de relance, alors je pars pour mon école de rattachement à Pantin. La directrice est très heureuse de me voir : deux classes s'apprêtent à partir en sortie pour la journée et il manque des accompagnants.

En route pour une journée pédestre « jeux de société » dans un château en Île-de-France. Il n'y a pas deux jours qui se ressemblent dans ce boulot, ça me plaît ! Le but de la sortie, c'est tout simplement de prendre l'air avec les enfants et de faire des jeux de société… sauf qu'il pleut des cordes et qu'il fait froid, pas de bol.

Vers 11 h 30 je reçois enfin un appel de la DSDEN. C'est la cheffe du service des remplacements qui a pris connaissance de mes mails et m'appelle pour que je parte sur-le-champ à l'autre bout du département pour un remplacement. Je lui explique que ça n'est pas possible puisque je suis à une heure de route, j'accompagne deux classes de mon école de rattachement en sortie.

« Vous rentrez immédiatement, la classe vous attend.

– C'est-à-dire que je ne peux pas, je suis très loin et je n'ai pas de moyen de locomotion.

– C'est inadmissible, c'est une faute professionnelle très grave.

– … aussi grave que de ne pas répondre au téléphone jusqu'à 11 h 30 pour me donner des instructions ?

– Je peux vous virer pour abandon de poste. »

Je raccroche la boule au ventre, la gorge nouée. Je viens vraiment d'être menacée de licenciement ? Je débriefe cet appel avec mes deux collègues qui ne sont absolument pas étonnées par la gestion chaotique du service de remplacement mais scandalisées par la teneur des propos injustes dont je viens d'être victime :

« Dire que la majorité des contractuels restent au chaud à la maison, payés à rien faire…

– … Et quand on tombe sur une contractuelle volontaire comme toi, prête à venir se les cailler avec nous à l'autre bout du monde pour travailler…

– … C'est comme ça qu'on te traite !

– La prochaine fois, fais comme les autres : reste au lit ! »

Le lendemain matin, je reçois deux appels : le premier de ma gestionnaire habituelle, le second de la charmante cheffe de la veille qui me donne une affectation différente. Confusion routinière.

*

Premier remplacement chez les CP à Pantin dans une école que je connais déjà. C'est toujours le niveau que je redoute le plus… J'explique les consignes d'un exercice trouvé sur internet. Gros flop : beaucoup trop compliqué pour eux. J'occupe les enfants comme je peux, consciente que je suis incapable d'improviser un apprentissage adapté.

La directrice profite de la pause déjeuner pour m'avertir qu'un de mes élèves, Mickele, veut se faire du mal ; je dois être particulièrement attentive car il se met régulièrement en danger. J'ai déjà eu l'occasion de le constater quand je l'ai surpris en train d'escalader un évier dans la classe le matin…

L'équipe pédagogique semble très préoccupée : une enseignante manque encore à l'appel alors qu'elle devait se faire inspecter. En dépression, cette jeune prof n'a même pas pris la peine de prévenir de son absence. Pire : elle ne répond plus à aucun appel. La directrice, très inquiète, évoque la possibilité d'envoyer les pompiers chez cette maîtresse pour s'assurer qu'il ne lui est rien arrivé de grave. Tous les enseignants sont à bout, ils passent leur pause à se plaindre de leurs conditions de travail, de toute la paperasse qu'ils accumulent, des heures supplémentaires pas payées, des nouveaux logiciels pour les bulletins de notes qui ne marchent pas et font perdre un temps précieux, etc.

Sonnée et, avouons-le, parfaitement incompétente pour enseigner à une classe de CP, je termine cette journée en mode garderie. De toute façon, personne n'en saura jamais rien puisque personne ne contrôle mon travail.

Événement rarissime, ma gestionnaire m'appelle en fin de journée pour me communiquer mon affectation du jour suivant :

« Mais pourquoi changer alors que l'enseignante que je remplaçais aujourd'hui est encore absente demain… ?

– Tant pis ! Les parents appelleront pour se plaindre. On a l'habitude. »

Le lendemain, alors que je suis déjà en poste avec une petite section de maternelle dans une école de Bobigny, nouvel appel de ma gestionnaire :

« Mais je suis déjà en poste ! Vous m'avez appelée hier en fin de journée pour me dire où aller.

– Ah, ok. Du coup, vous êtes où ? Ok. Bonne journée. »

Dans cette école, trois enseignants absents ne sont pas remplacés. Dans ce cas, les parents sont invités à garder leur enfant à la maison, s'ils le peuvent, sinon l'école est dans l'obligation légale de les accueillir et les enfants sont répartis dans d'autres classes.

Ma classe est bien décorée, riche en matériel pédagogique, en jeux et l'adorable ATSEM expérimentée qui est avec moi m'aide beaucoup, même si, je le concède, elle me fait de la peine, parce qu'elle est âgée et que chacun de ses mouvements semble douloureux…

À la récréation, je raconte à une enseignante que je trouve cette école très agréable :

« Tu as la classe de la directrice… Viens faire un tour dans la mienne, tu verras qu'elle n'est absolument pas adaptée à des maternelles et que je manque de tout.

– Mais l'école est plutôt mignonne, bien entretenue, non ?

– Hier, on a trouvé des souris dans le pain à la cantine. On ne sait pas si ça vient du fournisseur ou si c'est l'école qui est infestée… »

*

Je termine cette semaine avec une affectation de deux jours en CE1, à Bobigny. Les trajets quotidiens pour accéder aux écoles sont souvent longs et pénibles. Je traverse à pied des endroits désertés, des zones pavillonnaires, des cités, je longe des voies rapides. Parfois, les transports en commun m'amènent à destination – si j'ai la patience d'attendre de longues minutes les bus de banlieues. J'ai vu tant de misère sur les différentes routes empruntées toute l'année : des décharges à ciel ouvert, des tentes plantées sur le bord de départementales d'où sortent parfois de petits écoliers cartable sur le dos, des bidonvilles, des routes défoncées, inondées... C'est juste là, derrière le périphérique, pourtant j'ai l'impression que des années-lumière séparent Paris de sa banlieue est.

Heureusement, j'ai un smartphone pour m'orienter vers les écoles tous les matins, même si le GPS piéton me fait parfois passer par des endroits que j'aurais préféré éviter. Ce matin, ça sera un tunnel de parking : pas hyper-rassurant un matin d'hiver quand il fait encore nuit et que les rues sont désertes... Je traverse l'esplanade de la cité, bousculée par le vent glacial. Au milieu des tours, comme un souffle d'espoir sur la cité, un graffiti rouge met en garde en lettres capitales : « L'amour gagne toujours. »

Je rencontre mes élèves et constate rapidement que le niveau de cette classe de CE1 est médiocre : plusieurs enfants ne savent ni lire ni écrire, l'un d'eux ne sait même pas reconnaître son prénom sur son cahier... Amadou, lui, attend une AVS depuis la rentrée mais malgré les demandes et les relances, toujours personne. L'enseignante que je remplace est très critiquée par ses collègues, ce qui arrive relativement souvent.

J'entends dire qu'elle ne leur fait jamais faire de lecture, qu'elle n'en fait qu'à sa tête. Sa classe est vraiment triste : aucun affichage, aucune décoration, du bazar partout... Les élèves n'ont que 7 ans, ils roulent déjà des mécaniques pour ressembler aux grands du quartier :

« J'suis un gars de la cité, moi !

– Ouais, moi aussi mon frère ! »

À la pause du matin, Jérémie, 7 ans, sort de la poche de son manteau du chocolat emballé dans du papier d'aluminium :

« Regarde, maîtresse, c'est une barrette de shit ! »

Comme beaucoup d'enfants sont en grande difficulté, c'est compliqué de faire avancer le reste de la classe sans les exclure. Je termine la journée avec un cours de géographie parfaitement improvisé, juste pour le fun. Je demande aux élèves de me donner tour à tour un pays et ensemble, nous devons le situer sur une carte du monde. Les enfants sont presque tous issus de l'immigration, c'est l'occasion de pouvoir parler de leurs origines en classe. Je constate amusée qu'ils ne savent absolument pas où se trouve le pays d'origine de leurs parents ou de leurs grands-parents :

« Ils se sont trompés, c'est trop petit le Maroc sur la carte là, maîtresse !

– Wow mais la Chine, ça peut pas être aussi grand !

– Mais il y a un problème, on voit même pas le Sénégal sur la carte…

– Pourquoi est-ce qu'ils ont mis l'Algérie en Afrique ? »

Cette initiation à la géographie est une réussite. Tous les élèves participent, s'intéressent, s'amusent. Grande satisfaction.

Le lendemain, ces élèves de CE1 sont très excités : ils ont cours de kin-ball. J'aimerais pouvoir vous expliquer en quoi consiste cette discipline, mais vous comprendrez vite pourquoi je n'en suis toujours pas capable. J'accompagne seule les vingt-trois élèves au gymnase qui se trouve à cinq minutes à pied de l'école. Un gardien m'indique la salle où le cours aura lieu. Après quinze minutes d'attente, toujours pas d'intervenant. « Il est en retard », précise le personnel du gymnase. Les enfants s'impatientent, je les occupe comme je peux avec un échauffement, de l'athlétisme…

Quarante-cinq minutes plus tard, toujours personne. Au bout d'une bonne heure de retard, je comprends que l'intervenant ne viendra pas et personne n'a l'air étonné. Je rentre à l'école pour la récréation, les enfants sont très déçus. Le directeur de l'établissement appellera le gymnase pour avoir des explications qu'il n'obtiendra jamais... Quel exemple donne-t-on à ces enfants à qui nous imposons toute la journée de la rigueur, des règles de ponctualité, lorsque l'école elle-même ne respecte pas ces principes pourtant élémentaires ?

Ça me fait vraiment mal au cœur de constater que ces enfants ne savent toujours pas lire, alors j'essaie tant bien que mal de leur donner envie de progresser en consacrant la fin de journée à la lecture... Cette séance déclenche chez Amadou, hyperactif qui ne supporte pas l'échec et la frustration, une crise violente : il se met à taper ses camarades. Je suis obligée de m'interposer physiquement, je prends moi aussi des coups. Le contraste entre certains élèves qui se la jouent « racailles » quand d'autres se font encore pipi dessus – ce qui arrive en fin de journée – est saisissant et surtout très perturbant. Heureusement, il neige pour la première fois de l'hiver et la magie des flocons, elle, ne laisse personne indifférent : les enfants sont fous de joie !

*

Je démarre la semaine avec une grande nouvelle : j'ai une affectation à l'année ! Une école maternelle de Bobigny où j'ai fait un remplacement, contente de mon travail, a demandé à m'intégrer dans son équipe. Il avait déjà été question que je remplace une enseignante qui s'apprêtait à partir en congé maternité, dans un autre établissement, mais cela n'avait pas abouti. Je dois donc prendre en charge une grande section de maternelle à mi-temps ! Je me souviens bien de cette école : l'équipe est jeune, sympa, accueillante, j'y serai désormais tous les mercredis, jeudis et vendredis. Avant de découvrir ma nouvelle classe, je commence la semaine avec les remplacements habituels.

Direction Bobigny, en petite section de maternelle. La directrice a demandé aux parents qui le pouvaient de garder les enfants à la maison, puisque la maîtresse est absente et que, la plupart du temps, les enseignants ne sont pas remplacés. Il ne reste plus que sept élèves dans la classe, l'ATSEM en profite donc pour fumer des clopes toute la matinée.

Les ATSEM sont recrutés par les communes mais placés sous l'autorité du directeur de l'établissement. Chaque commune décide donc – en fonction de son budget – du nombre d'ATSEM dont elle peut disposer. « Entre les exigences des enseignants et les possibilités des communes, il semble qu'un consensus ait été fixé pour affecter un ATSEM dans chaque classe de petite section, un pour deux classes de section de moyens et un pour deux classes de section de grands. Tout cela reste bien sûr au bon vouloir du maire et des choix financiers et pédagogiques de la commune », peut-on lire sur un document intitulé « ATSEM » sur le site education.gouv.fr. Dans le 93, je n'ai jamais eu d'ATSEM, ni en moyenne, ni en grande section.

L'école où je me trouve est triste, je suis fatiguée d'être sans cesse trimballée partout et de devoir m'adapter tous les jours à de nouvelles situations. Mon affectation à l'année tombe à pic. Mais pour l'instant, c'est la déprime dans la minuscule salle des maîtres où l'équipe pédagogique déjeune : personne ne parle. Sur le casier d'un enseignant, un sticker « *I love Macron* ». C'est le casier de l'enseignante que je remplace. Coïncidence : certains élèves m'appellent « maîtresse Macron » ! Malaise.

« Maîtresse, tu sais, moi j'ai pas de culotte aujourd'hui. Tu veux voir ? »

Innocence, heureusement que tu es toujours là pour me faire sourire !

3

Ma classe

Premier jour dans MA classe ! La maîtresse que je remplace est partie du jour au lendemain sans dire au revoir à personne et sans donner aucune explication. Apparemment, ça se passait très mal, en particulier avec Marie, l'enseignante avec laquelle elle travaillait en binôme. Marie est responsable syndicale au SNUipp-FSU 93, c'est pourquoi elle a besoin d'une « décharge » (autrement dit une remplaçante) les jours où elle est au syndicat.

La classe est décorée, organisée, et je dispose de beaucoup de matériels, dont une grande partie que je ne sais absolument pas exploiter. Les élèves, eux, sont mignons et obéissants. Ils s'amusent parce que j'ai du mal à intégrer tous leurs prénoms. Normal, je n'ai jamais entendu le tiers d'entre eux. C'est difficile à évaluer, mais disons qu'environ 15 % des élèves de l'école parlent très peu le français.

Djibril a un léger retard mental (a priori provoqué par l'exposition excessive et précoce aux écrans). Il faut attendre 6 ans pour que les spécialistes puissent poser un diagnostic. « Il peut s'agiter et faire des crises lorsqu'il est contrarié », me préviennent mes collègues. Il a beaucoup de mal à parler de manière audible et compréhensible, et ça le frustre énormément. Le petit Walid, qui est syrien, ne parle jamais ou presque, ne rit pas, ne joue pas avec les autres enfants. Il porte des vêtements quatre fois trop grands pour lui, et les cernes qui assombrissent son regard laissent imaginer la gravité du traumatisme subi. Quant à Ali, d'origine turque, il ne comprend pas le français alors qu'il a déjà passé deux ans dans cette même école à suivre tous les apprentissages. Il y a aussi Ryhanna, Sanka et Naman, trois enfants qui parlent hindi à la maison, la jumelle Solly, Bambo au rire ultra-communicatif auquel je ne peux résister, la minuscule Tuna qui ne fait pas son âge, Kévin l'hyperactif… Je vais apprendre à découvrir l'histoire de chacun de ces petits-bouts qui se prennent déjà pour des grands parce qu'ils sont les plus vieux… de l'école maternelle !

Première difficulté : quand les enfants arrivent en classe, la maîtresse doit noter qui mange à la cantine (pour commander les repas) et qui reste à la garderie. Les enfants considèrent assez rapidement que je connais leurs habitudes. Erreur ! Je dois encore leur courir après pour leur demander de me rappeler leur prénom, alors le reste ça va prendre quelques semaines de plus :

« Tu manges à la cantine ?

– … Je sais pas !

– Est-ce que maman vient te chercher pour déjeuner ?

– … Je sais pas.

– Ok, bon. Est-ce que tu restes à la garderie ?

– Ouiiii !

– Mais non, maîtresse, il reste jamais à la garderie lui… »

Qui croire, quoi noter ? C'est la galère.

J'ai rendez-vous avec mon binôme pour qu'elle m'explique le fonctionnement de la classe et qu'on se répartisse le programme. L'année scolaire est découpée en

« périodes », délimitées par les vacances scolaires, il y a donc cinq périodes.

Marie est expérimentée, organisée et pédagogue. Ça me rassure énormément de pouvoir m'appuyer sur elle... Je n'ose imaginer dans quel état de panique je serais si on m'avait affectée seule à une classe à plein temps pour toute l'année scolaire ! Je suis confrontée pour la première fois au programme et à ses objectifs : tracé de ponts (à l'endroit et à l'envers) et de ronds, travail de reconnaissance des trois alphabets (écriture cursive, scripte et capitales), exploration du monde et de certaines notions comme les quantités, observation d'images à ordonner en séquences... Heureusement, Marie prend le temps de m'expliquer quel matériel correspond à quel apprentissage, comment je peux construire mes séances, faire évoluer les élèves, évaluer si les compétences sont acquises. Et surtout elle m'explique en quoi ces apprentissages servent à structurer la pensée de l'enfant, pourquoi ils posent les bases de l'écriture, de la compréhension, de la lecture, etc. Une formation accélérée, la première après déjà trois mois d'enseignement, il était temps !

Mon binôme me montre aussi les rituels de la classe. Les élèves arrivent entre 8 h 30 et 9 heures en classe, ils doivent reconnaître leur prénom sur une étiquette préalablement disposée sur une table et l'accrocher sur le tableau des « présents ». Puis ils ont le droit de jouer, soit avec les puzzles en libre-service, soit dans le coin bibliothèque, soit avec les « ateliers autonomes », des activités individuelles qui sollicitent certaines compétences déjà acquises.

Lorsqu'un élève termine un atelier autonome, il doit le montrer à la maîtresse pour obtenir sa validation. Une réussite récompensée d'une image représentant un « pouce levé » (pas de doute, la génération 2.0 est désormais aux commandes), que l'enfant doit coller en face de son prénom sur le tableau des réussites. À la fin de chaque période, tous les enfants sont censés avoir réalisé et validé chaque atelier.

9 heures. Un élève sonne la cloche, signal indiquant qu'il faut ranger la classe et venir s'installer sur les bancs disposés autour du tableau, c'est le coin rassemblement.

Entre 9 heures et 9 h 30, un élève fait l'appel à l'aide des étiquettes « prénoms » : il compte les élèves présents, absents, les filles et les garçons. Puis, un autre élève compose la date : à l'aide des frises plastifiées qui courent sous le tableau, il faut désigner le jour, le nombre, le mois et l'année. Un autre enfant nous présente la météo et sélectionne le tampon approprié : « nuages », « soleil », « pluie », « vent » ou « neige ».

Après ces quatre rituels, la maîtresse présente les ateliers du jour puis met tout le monde au travail par petits groupes. Ici : les chiens, les coccinelles, les aigles et les cœurs.

Nouveau challenge que d'avoir la responsabilité d'une classe, ça me stresse autant que ça m'excite.

La directrice, Séverine, m'informe que nous avons « conseil des maîtres » cette semaine. C'est l'occasion de présenter les événements à venir et l'organisation de l'école. Je dois aussi faire des heures d'APC (activités pédagogiques complémentaires) pendant le déjeuner... Il s'agit de soutien scolaire pour les élèves en difficulté. Il y a beaucoup de choses à intégrer pour devenir une vraie maîtresse. J'apprends aussi que les directeurs d'établissement ne sont pas les supérieurs hiérarchiques des enseignants, ils ont juste autorité pour prendre les décisions sur la gestion de l'établissement. En réalité, le supérieur des enseignants, et des directeurs, c'est l'inspecteur de l'académie... qu'on ne voit jamais.

Pendant la récréation, je vis mon premier instant réac'. Deux petits garçons s'embrassent sur la bouche. Réaction d'une enseignante :

« Ils font quoi eux, là, je rêve ! Déjà les bisous sont interdits, mais en plus entre garçons… à la limite avec une fille mais là… On s'embrasse pas entre garçons ! »

Le lundi suivant, je n'ai toujours pas réussi à joindre ma gestionnaire à 9 heures. Je décide de ne plus perdre de temps à aller jusqu'à mon école de rattachement à Pantin pour être envoyée plus tard à l'autre bout du département. J'attends sagement chez moi qu'elle me rappelle, même si je sais que ça n'est pas ce qui m'est demandé. Si on me pose la question, je dirai que je suis dans l'école de rattachement. De toute façon personne n'en saura jamais rien. Ma gestionnaire finit par réapparaître, très étonnée par ma sollicitation puisqu'elle a noté dans mon dossier que j'avais une affectation à l'année. Il lui faudra plusieurs semaines pour intégrer que je suis toujours disponible le lundi et le mardi. Si j'avais été malhonnête, j'aurais pu endormir l'administration et passer le reste de l'année chez moi en prétextant que j'étais en poste…

*

Je dois me rendre dans une école élémentaire de Bobigny où il manque cinq enseignants. Le directeur décidera quelle classe je dois prendre. Comme souvent, je rentre dans l'établissement comme dans un moulin, personne n'est là pour m'accueillir et je déambule seule dans les couloirs de l'école, à la recherche d'un adulte pour me renseigner. On me confie des CE2 qui ont été répartis dans d'autres classes, que je dois récupérer en allant toquer à toutes les portes. L'enseignant que je remplace est en formation. Son absence était donc facile à anticiper. Évidemment il n'en est rien. Aucun remplaçant n'a été prévu par l'administration et, de son côté, le maître n'a pas laissé de consigne pour le collègue chargé de le remplacer.

Le niveau de la classe est médiocre, les enfants dissipés. Au fil du temps, j'ai mis au point certains exercices dont la difficulté s'adapte en fonction du niveau. Mon préféré : celui de la carte postale !

« Qui est-ce qui sait ce que c'est une carte postale ?

– C'est la carte d'identité de la voiture ! » répond Maud, 8 ans.

Désormais, je me balade toujours avec un timbre, une carte postale et j'explique ce que sont un destinataire, un expéditeur, comment se compose une adresse, à quoi sert un code postal. Puis je dessine une carte postale à la craie au tableau, j'écris un texte et je pose des questions de compréhension aux enfants : « Qui envoie la carte ? Qui la reçoit ? Dans quelle ville la carte postale va-t-elle arriver ? », etc. Enfin, lorsque les enfants ont terminé les questions de compréhension, ils peuvent à leur tour rédiger une carte postale pour la personne de leur choix (j'inscris les mots de vocabulaire dont ils ont besoin au tableau). Ils dessinent ce qu'ils veulent sur la face de leur carte postale qu'ils ont le droit d'emporter chez eux.

« Salut Elias,

J'espère qu'on sera toujour meilleurs amis et que rien ne nous sépareras et bonne anniversaire, je te souhaite plein de cadeaux et plein de bonheur, j'espère que tu auras plein d'argent et que tu travailleras très bien et que tu t'achèteras une belle voiture.

Ton ami Lucas » (*sic*)

Alors que mes élèves travaillent en s'amusant, ce qui représente pour moi la plus belle des réussites, j'entends un bruit terrible dans la classe voisine. Les enfants crient et la maîtresse leur ordonne d'évacuer les lieux. J'ouvre la porte communicante entre les deux classes pour comprendre ce qu'il se passe. C'est la tempête dehors et les fenêtres viennent de céder dans un fracas ! Toutes les feuilles volent dans la classe, impossible d'y accéder pour les refermer, la scène est très impressionnante. Myriam, l'enseignante, est sous le choc, les fenêtres, qui se sont ouvertes violemment, sont passées à quelques centimètres de la tête des élèves assis en dessous. Les enfants aussi ont eu peur, certains pleurent. Pas la peine de préciser que des demandes de réparations ont déjà été faites à plusieurs reprises auprès de la mairie – sans réponse.

Deuxième jour d'affectation dans cette classe, je fais une dictée révision qui s'avère catastrophique alors que le texte a déjà été vu, lu, expliqué et corrigé. Hasmiou, le plus indiscipliné de la classe, claque des doigts pour m'appeler, je rêve !

« Hey maîtresse, j'ai grave soif, je veux boire.

– Formule correctement ta demande et j'y répondrai.

– … »

Hasmiou ne comprend pas du tout où je veux en venir.

À la fin de la journée, il y a un goûter d'anniversaire : Sidar a apporté un gâteau au chocolat industriel et des bonbons. Heureusement, je pense à regarder la liste des ingrédients : il y a de la gélatine de porc dans les bonbons… Certains de mes amis ne mangent pas de porc, alors j'ai des réflexes qui m'évitent ici la catastrophe.

Deux jours seulement que je suis dans cette école et je constate déjà que tous les enseignants sont à bout. Ils passent leur temps à se plaindre et hurlent sur les élèves à longueur de journée. Je me sens moi-même agressée par tous ces cris et ces excès de colère.

*

Deuxième moitié de semaine : je retrouve ma classe. Mercredi de grève nationale : pas de bus pour m'emmener à l'école. Je marche quarante-cinq minutes dans la nuit (peu d'éclairage public dans ces banlieues) et sous la pluie. Pas le temps de préparer quoi que ce soit avant l'arrivée des enfants, je suis mouillée jusqu'à l'os, la journée commence bien. C'est une matinée spéciale : aujourd'hui on s'exerce au PPMS (plan particulier de mise en sûreté). Plutôt paradoxal pour moi, bien placée pour savoir qu'on entre dans les établissements scolaires sans aucune difficulté, un simple « je suis remplaçante » étant suffisant pour être dégagée de tout soupçon. Personne n'a même jamais demandé mon nom de famille ou vérifié mon identité.

La directrice nous communique le scénario du PPMS : un enseignant découvre par la fenêtre une voiture suspecte contenant des bonbonnes de gaz. Alerte au mégaphone. Confinement des enfants dans les classes, ventre à terre, loin des fenêtres. Accès aux classes barricadés. Il faut tenir trente minutes, sans traumatiser les enfants, en maintenant le calme et l'ordre.

Dans ma classe, il y a donc Walid, réfugié syrien. Alors que tous les enfants se jettent sur le sol à mon signal (quand je prononce le mot « chips », ne me demandez pas pourquoi !), ce petit bonhomme est le seul qui refuse de s'allonger par terre. Il observe les autres élèves, les yeux dans le vague, ne m'entend plus, sans doute plongé dans des souvenirs douloureux qui le poursuivent.

Pendant ces trente minutes de silence, j'ai le temps d'observer les visages des enfants plaqués au sol et de prendre conscience que j'en suis entièrement responsable.

Mon statut de « maîtresse » me vaut leur confiance absolue, dans n'importe quelle situation. J'étais loin, très loin d'imaginer que cet exercice n'en serait bientôt plus un et que j'allais devoir appliquer ce fameux PPMS en situation réelle.

« Maîtresse, quand est-ce qu'on rejoue à "chips" ? » (Louise, 5 ans.)

Bon, au moins, je ne les ai pas traumatisés !

*

Nous sommes mi-décembre. À l'approche des vacances de Noël, tout le monde fatigue. Les enfants, épuisés, sont très émotifs, ils ont beaucoup de mal à se concentrer et les enseignants, eux, perdent patience pour un rien. J'arrive non sans peine à ce que mes élèves confectionnent une carte pour les fêtes. Un joli père Noël, qui prend forme après l'assemblage de triangles de couleur de différentes tailles, orné d'une moelleuse barbe blanche faite en coton et tartinée à la colle liquide, merci Pinterest.

Je passe beaucoup de temps à discuter avec mes élèves pour favoriser l'expression orale :

« Qui est-ce qui parle une autre langue à la maison ?

– Arabe / wolof / turc / somali / tamoul.

– Moi je parle inglish maîtresse !

– C'est vrai ce mensonge ?

– Oui, regarde, je sais dire "TANK TYU !" (Kévin, 5 ans).

– Maîtresse, moi j'ai des nouvelles basteak. » (Sanka, 5 ans.)

Je suis appelée à la cantine pendant ma pause déjeuner. Mon élève Amira est perturbée : sa mère lui met la pression pour qu'elle ne mange pas de viande à la cantine (afin de s'assurer qu'elle ne mange pas de porc). Comme elle ne comprend pas vraiment ce que c'est de la viande, Amira refuse de manger quoi que ce soit. Au moins, elle est sûre de pas faire de bêtise… La maîtresse qui surveille la cantine m'interpelle :

« Faut que tu parles à la mère, elle ne mange plus rien…

– D'accord, mais la dernière fois vous avez servi une saucisse à sa fille alors qu'elle est déclarée végétarienne, du coup elle lui met encore plus la pression.

– Mais putain ils font chier ! C'est pas la fin du monde si leurs gamins mangent du porc. Ils sont trop petits pour qu'Allah leur en veuille (rires !). »

Après des années de débats stériles autour du porc à la cantine dans les écoles publiques, je me retrouve dans le vif du sujet. Cela ne fait que conforter ma conviction : qui sommes-nous donc pour transgresser l'autorité des parents sur leurs enfants ? Y a-t-il vraiment matière à débattre quand on peut contenter tout le monde en servant plus de légumes ou du poisson dans une assiette ? Je considère qu'on ne respecte ni l'enfant ni les familles lorsqu'on ne veille pas au respect des cultures. C'est juste de la mauvaise volonté.

À ma grande surprise, les enfants mangent dans des assiettes jetables à la cantine. On est au centime près sur tout… mais il y a un budget pour la vaisselle jetable ? Et puis bonjour le respect de l'environnement ! Après enquête, j'apprends que le lave-vaisselle de la cantine était en panne. Il a été réparé, mais les dames de la cantine ont pris goût à la vaisselle jetable, alors elles jouent les prolongations !

« Maîtresse, mon frère Kaïs il a un prénom arabe. Mon père Ferhat, ma mère Habiba et ma sœur Dorya aussi parce qu'on est des Arabes. Mais on est d'abord Français » (Allia, 5 ans). C'est typiquement français, ce besoin permanent de justifier ses origines et de revendiquer sa citoyenneté. Que ces petits de 5 ans maîtrisent déjà le discours dominant ne révèle-t-il pas le vrai malaise de notre société ?

Et puisqu'on parle prénoms, je sais maintenant reconnaître les enfants d'origine chinoise dès la liste d'appel ! C'est facile : si je croise une Monique, un Henry, une Odette, une Martine ou un Joël… à tous les coups c'est un petit Chinois. Ils portent tous des prénoms français démodés.

Je termine la semaine sous des insultes : une grand-mère vient récupérer sa petite-fille à 16 heures, mais ne sait pas où la trouver. Elle ne parle pas français et interpelle toutes les maîtresses en demandant « Asiya ». Sauf qu'il y en a plusieurs dans l'école et qu'elle est envoyée dans toutes les classes… sauf la mienne ! Lorsqu'elle finit par retrouver sa petite-fille, elle m'insulte en turc pour lui avoir fait perdre son temps… C'est d'ailleurs Asiya, 5 ans qui assure la traduction, très gênée de devoir me révéler les propos de sa grand-mère. Bon week-end à vous aussi madame !

*

Impossible de travailler ce lundi, je suis malade. J'appelle ma gestionnaire qui est incapable de me dire qui je dois prévenir, à qui je dois envoyer mon arrêt maladie (obligatoire).

Le mardi, je me sens un peu mieux et je décide d'y retourner :

« Vous avez déjà une affectation à l'année, madame…

– Non, seulement la moitié de la semaine.

– Alors vous allez aujourd'hui et demain à tel endroit.

– Pas demain, puisque j'ai une affectation du mercredi au vendredi… (fatigue). »

Si les jours ne se ressemblent pas, l'arrivée dans une nouvelle école est toujours semblable : après quinze minutes à déambuler dans les couloirs de l'école, je tombe enfin sur un enseignant qui descend sa classe en récréation et m'indique que je dois faire le tour de l'école pour récupérer mes élèves de CM1. Les enfants entrent en classe avec leurs manteaux, pourtant, cette fois, il y a du chauffage. L'explication ?

« Y'a des vols de manteaux dans l'école, du coup la maîtresse est d'accord pour qu'on garde nos manteaux avec nous en classe. Pour pas qu'on se les fasse piquer. »

J'hallucine…

On commence par la date, Messie on t'écoute :

« Hier, on étiez le lundi 17 décembre, aujourd'hui on est le mardi 18 décembre, demain nous serions le mercredi 19 décembre. »

Peut-être que c'est mieux en géométrie ? Après un rapide aperçu du cahier de vie, je constate que la classe étudie les droites parallèles.

« Quand peut-on dire que deux droites sont parallèles ? Qui le sait ? »

Aucune réponse.

À la récréation, je parle avec un autre remplaçant qui partage mon constat : le niveau est catastrophique, l'école totalement laissée à l'abandon, l'environnement (une cité) glauque. Les élèves ne sont pas faciles à canaliser, parfois ils se disputent et les échanges sont très violents. Fanta se fait traiter de « grosse pute » parce qu'elle refuse de donner une feuille à un camarade qui n'a pas son matériel. Je reste sans voix.

À la pause déjeuner, les enseignants parlent des nouveaux signalements pour violence qu'ils ont dû faire à l'assistance sociale… Un professeur raconte qu'il a encore dû appeler la police vendredi :

« Comme d'habitude, personne n'est venu chercher Saydou et impossible de joindre qui que ce soit. À 18 h 30, j'ai dû appeler la police qui est venue le chercher pour l'emmener au commissariat. Qu'est-ce que je peux faire d'autre ? Et le pire, c'est qu'il était content ce matin, parce que les policiers lui avaient donné des lasagnes pour le dîner. »

Cet après-midi, la classe a cours de musique avec une intervenante extérieure. La musique apaise, j'en suis convaincue. Ce cours m'intéresse, ça peut me donner des idées et des techniques pour élaborer d'autres séances.

L'intervenante demande aux enfants d'enlever leurs chaussures avant de rentrer dans la salle, où elle a réparti des instruments au sol : cymbales, triangles, grelots, tambourins… C'est une toute petite jeune femme timide, qui parle tout doucement :

« Do, ré, mi, fa, sol, la, si, dooooo. »

Je n'étais pas prête pour les gammes, les enfants non plus. Je me sens obligée d'intervenir. Mes élèves ne respectent aucune consigne, ils se moquent ouvertement de la prof de musique. Mais lorsque je comprends que l'intégralité de la séance tourne autour de la chanson *Vive le vent d'hiver* – que ces enfants de 10-11 ans sont censés interpréter en « do mineur » – j'avoue que j'ai moi-même du mal à garder mon sérieux. Après ce cours chaotique, je discute musique avec mes élèves. Nous parlons du rap qu'ils écoutent et qu'ils me font découvrir en chantant. Yassa Tata, qui n'a pas laissé une seule note s'échapper de sa bouche pendant le cours de musique, me confie qu'elle vient d'une famille de griots. Elle est fière d'expliquer à ses camarades qu'il s'agit d'une tradition au Mali. Les griots ont pour mission d'assurer la transmission des savoirs en chantant des histoires. Ces échanges sont passionnants, les élèves sont très heureux de pouvoir parler de musique avec moi, de constater que je m'y intéresse et… que je m'y connais aussi ! « Vive le vent d'hiver, boule de neige au jour de l'an et bonne année grand-mère… » Sérieusement ?

*

Mercredi, je retrouve mes petits tout excités : le père Noël est passé dans la classe apporter des cadeaux ! Il faut vite me montrer les deux nouveaux jeux de société que le père Noël leur a offerts. Même les enfants qui ne fêtent pas Noël à la maison et ceux à qui leurs parents ont déjà révélé que le père Noël n'existait pas ont envie d'y croire. C'est ça, la magie de Noël ?

Place aux rituels :

« Alors, Ryhanna, c'est ton tour d'inscrire la date au tableau. Quel jour sommes-nous aujourd'hui ? (Les étiquettes de la veille restent accrochées au tableau, pour aider les enfants à se repérer dans le temps.)

– Le 19.

– Le jour… 19 n'est pas un jour de la semaine. Les jours, c'est lundi, mardi, mercredi, jeudi, vendredi, samedi ou dimanche. Alors, dis-moi maintenant, on est le combien ? Quel nombre ?

– Un zéro et un deux.

– Huuum. On va reprendre tout ça. Mais en quel mois sommes-nous alors ?

– Automne !

– D'accord, et saurais-tu me dire en quelle année on est ?

– DÉCEMBRE. »

Strick pour Ryhanna !

Panique à la pause déjeuner, c'est une semaine de grève et nous n'avons toujours pas reçu les repas. Environ quatre-vingts enfants de 3 à 6 ans attendent pour manger, on envisage d'aller dévaliser le supermarché le plus proche pour remplir tous ces estomacs affamés. Heureusement, la livraison finit par arriver à la dernière minute. Une pause déjeuner sereine, comme on les aime.

Dernier jour avant les vacances de Noël, c'est récréation toute la journée ! On décloisonne les classes pour permettre aux enfants de jouer tous ensemble et de découvrir les jeux des autres.

« Qui est-ce qui part pour les fêtes ?

– Moi ! Moi ! Moiiiii !!

– Où est-ce que vous partez ?

– En Tunisie ! En Somalie ! Au Maroc ! En Turquie !

– Et toi, tu pars où ?

– Chez Kiabi ! » (Zakaria, 5 ans).

Dora l'exploratrice n'a qu'à bien se tenir.

Cet après-midi, toute l'école est réunie devant *Aladdin* ! Pendant que les enfants voguent sur leur tapis volant au pays du rêve bleu, mes collègues m'annoncent que tout l'argent de la coopérative de l'école ainsi que les recettes de la dernière kermesse (qui permettent d'organiser des sorties et des activités) ont été volés. Environ 1 000 euros pourtant à l'abri dans le coffre-fort du bureau de la directrice, dérobés par quelqu'un qui connaissait visiblement la combinaison gagnante du coffre. Cet argent est le fruit d'un grand investissement personnel des maîtresses (ventes de gâteaux, organisation de kermesses, de tombola, etc.) pour tenter d'améliorer le quotidien de ces enfants défavorisés. Ce début de vacances a un goût amer.

4

Des rats et des enfants

Après deux semaines de vacances, je suis reposée et d'attaque pour enseigner ! Mon enthousiasme est vite stoppé ce jour-là par l'impossibilité de joindre l'académie avant 9 heures. On finit par me rappeler pour m'envoyer dans une école élémentaire de Bobigny que je connais bien : je sais d'avance que la journée sera mouvementée. À destination, je déambule dans les couloirs, pour ne pas perdre les bonnes habitudes, à la recherche d'un adulte qui pourrait m'orienter vers mes élèves. Je fais connaissance avec ma classe de CM2, j'ai l'œil maintenant pour identifier ceux qui ont déjà commencé leur crise d'adolescence :

« Chérine, tu peux arrêter de parler tout le temps s'il te plaît.

– Je te parle pas.

– J'ai bien remarqué que tu ne t'adressais pas à moi, mais tu parles à tes camarades et tu me déranges.

– Je parle pas !!

– Tes lèvres s'agitent, du son sort de ta bouche. Tu appelles ça comment ?

– Hey, c'est bon, je peux t'écouter en même temps. »

Les vacances m'ont fait oublier l'insolence de certains élèves, ça ne m'avait pas manqué ! En maternelle, j'ai connu une enseignante qui arrivait à obtenir le silence grâce à une astuce super efficace : « Quand la maîtresse met le doigt sur la bouche, cela signifie qu'elle demande le silence, tout le monde doit faire pareil qu'elle et se taire. » Très efficace avec les maternelles, mais ça ne prend pas du tout en élémentaire. Quand j'ai tenté l'expérience, les grands m'ont regardée comme une débile et j'ai eu envie d'éclater de rire.

C'est la rentrée, alors je pose des questions à mes élèves sur leurs vacances :

« C'était nul ! confie Ayoub.

– J'étais seul à la maison devant la télévision, explique Tharsikan. » Un programme partagé par la majorité des élèves.

On corrige ensemble les devoirs, il s'agit d'une fiche de lecture. Comme je ne connais pas le livre *Drôle de samedi soir !* de Claude Klotz, je demande aux élèves de lire à haute voix les quelques chapitres concernés par la fiche de lecture. Je découvre stupéfaite l'histoire du jeune Harp, 10 ans, qui fume des clopes seul chez lui tous les samedis soir devant la télévision, parce que ses parents ne sont jamais là, et ouvre la porte à un inconnu qui rentre chez lui pour le cambrioler. Pas sûre que cela aurait été mon choix… Je teste le niveau de la classe en conjugaison : médiocre. Une séance complète à réviser le présent de l'indicatif, loin, très loin d'être acquis… avec des CM2. Deux élèves en grande difficulté sont en passe d'être orientés vers des SEGPA (sections d'enseignement général et professionnel adapté). Si les cycles 2 et 3 (du CP au CM2) représentent la période scolaire où les métamorphoses physiques sont les plus impressionnantes, les enfants de 12 ans n'en restent pas moins des gamins. Je suis mal à l'aise de faire partie d'un système qui marginalise dès le plus jeune âge les moins réceptifs à l'enseignement généraliste.

La directrice débarque en furie dans la classe en fin de journée :

« Il y a du racket dans l'école ! Des petits de CP ont été brutalisés, des grands ont volé leurs bonbons. C'EST INADMISSIBLE !!! Les responsables vont le payer très cher. Je vous préviens, JE VAIS APPELER LA POLICE ! »

... La directrice s'agite dans tous les sens, avant de claquer la porte de ma classe. Sortie théâtrale.

*

Ça fait du bien de pouvoir alterner les pré-adolescents et les maternelles. J'ai presque l'impression d'avoir deux métiers distincts tant l'organisation, les attentes, les besoins, l'exigence, les apprentissages sont différents. Mais je retrouve toujours avec joie mes petits. Dès que j'arrive dans l'école, ceux qui sont à la garderie (système permettant aux parents qui ont des horaires décalés de confier leurs enfants à partir de 7 heures et jusqu'à 18 heures) me courent après en criant « maîtresssssse ! » avant de me tomber dans les bras pour un gros câlin. Comment mieux démarrer une journée ?

Je fais partie des enseignants qui viennent plus tôt le matin (vers 7 h 50), histoire de démarrer dans le calme, boire un café, préparer mes activités et discuter avec mes collègues de l'organisation de la journée. Aujourd'hui, elles sont de bonne humeur car le courant est revenu ! Deux classes au rez-de-chaussée de l'école sont restées sans lumière deux jours de suite... Coupures d'électricité inexplicables. Faire classe dans le noir, concept. Existe-t-il un point de rupture, une limite où les profs osent enfin dire « Non, pas dans ces conditions » ?

Les enfants me racontent leurs vacances... quand ils s'en souviennent !

« Maîtresse, j'ai visité la tour Eiffel !

– Super, Mikaïl, alors raconte-nous, elle est comment la tour Eiffel ?

– Elle est ronde ! (... fin du bluff !)

– Lina, tu viens faire la date au tableau ?

– Un, deux, trois, quatre... vingt et onze, vingt douze, vingt quatorze... »

C'est aussi ça la maternelle, beaucoup de patience pour réussir à inculquer les bases. Tout est un apprentissage ! Tenir un crayon, se laver les mains, mettre sa chaussure, passer une blouse pour faire de la peinture, plier une feuille. Rien n'est inné.

Aujourd'hui c'est parcours de motricité, les enfants adorent ! Chaque semaine, à tour de rôle, les maîtresses installent des exercices qui s'enchaînent : on grimpe sur une échelle, on redescend avec le toboggan, puis il faut enjamber des plots, tenir l'équilibre sur une poutre, avant de ramper sous les chaises... Pour amuser les enfants, je décide de montrer l'exemple et de réaliser moi-même le parcours ! Les élèves rient aux éclats de me voir pliée en quatre sous une chaise. Arrive l'étape du trampoline je saute et paf, je me bloque le cou. Ça m'apprendra à faire le clown.

S'il y a un programme à respecter, l'Éducation nationale laisse les enseignants libres de l'aborder comme ils le souhaitent. En grande section, nous devons proposer une initiation à l'art. Je choisis l'artiste Keith Haring. Ses bonshommes sont joyeux, accessibles, colorés, faciles à reproduire. La seule difficulté, c'est finalement de prononcer son nom et surtout de le retenir ! Après avoir observé des peintures, décrit tout ce qu'on voyait, je choisis quelques enfants « modèles » qui se couchent au sol sur de grandes feuilles de papier, pendant que les autres tracent les contours des silhouettes en mouvement. Il ne reste plus qu'à peindre avec des couleurs vives, repasser les contours avec un marqueur noir et hop, le tour est joué !

Pendant la séance, on découvre ensemble des mots qui appartiennent au champ lexical de l'art : qu'est-ce qu'un « musée » ? Comment doit-on se comporter dans un musée ? Comment appelle-t-on celui qui fait des peintures ? Qu'est-ce qu'un artiste ? Une œuvre d'art…

Les enfants sont super fiers quand ils découvrent que j'ai exposé les panneaux à la vue de tous sur les murs jusqu'alors tristes et sales des escaliers. À l'heure de la sortie des classes, j'entends plusieurs d'entre eux dire à leurs parents :

« On a fait ces œuvres d'art avec la maîtresse, parce qu'on est des artistes » !

Ils ont compris les mots de vocabulaire qu'on vient de voir ensemble, les ont retenus et savent désormais les employer. Je suis très fière.

*

Les fêtes sont terminées, la période 3 commence et, pour la première fois, moi aussi j'ai des devoirs. En maternelle, il y a une politique de valorisation des réussites : « Adieu lacunes, bonjour succès » – du moins dans le discours. Je dois photographier mes élèves pour illustrer chaque activité pleinement accomplie et reporter ces images dans des « carnets de réussites » individuels numériques, avec une légende pour expliquer en quoi consiste l'activité accomplie. Ces carnets de réussites, créés sur PowerPoint, permettent d'apprécier l'évolution de chaque élève sur l'ensemble du cycle 1 (de la petite à la grande section de maternelle) et de présenter aux parents le travail de leur enfant aux fameuses réunions parents-profs organisées à la fin de chaque trimestre. Problème ? Les ordinateurs de l'école sont désuets, infestés de virus et la connexion internet marche une fois sur vingt. Grosse perte de temps, ne serait-ce que pour récupérer les fichiers et installer les logiciels sur un ordinateur personnel. Sur le principe, l'idée est pertinente, en réalité c'est une vraie galère ! Non seulement parce qu'il faut maîtriser PowerPoint, ce qui n'est pas mon cas... mais surtout parce qu'il est très laborieux d'intégrer toutes les photos de chaque élève. Ça prend un temps fou et ça plante souvent. (Interdiction de juger mes compétences en informatique, la plupart des enseignants galèrent autant que moi, voire plus !)

Ordinateur personnel pour travailler, photocopies maison (parce qu'il est impossible d'imprimer depuis l'ordinateur de l'école qui ne marche presque jamais), enceinte personnelle pour faire cours de musique, récupération d'objets du quotidien en prévision des travaux manuels : boîtes à chaussures, rouleaux de papier toilette, cartons de déménagement, bouchons de bouteilles en plastique, vieilles nappes pour protéger les tables de la peinture, journaux et magazines pour les créations en papier mâché, les découpages... Être enseignant, c'est aussi accepter de mettre à la disposition de l'école ses effets personnels.

Il n'y a pas que pour des raisons matérielles que vie privée et vie scolaire s'entremêlent. Des intervenants extérieurs à l'école viennent sensibiliser les enfants sur l'importance de l'hygiène bucco-dentaire. Ali, pas encore 6 ans, a une bonne dizaine de caries. Ses gencives commencent même à noircir… Son cas est sévère et malheureusement il est loin d'être le seul enfant de l'école à avoir une dentition dans un sale état. Ma collègue Marie explique à la maman d'Ali qu'il faut vraiment qu'il aille se faire soigner et, surtout, qu'il se brosse les dents régulièrement, mais elle ne comprend pas le français et de toute façon ça ne semble pas l'inquiéter plus que ça.

« Maîtresse, pourquoi t'as les dents un peu jaunes, parce que tu les laves pas ? » (Amine, 5 ans). L'expression « dans les dents » prend tout son sens. Inutile de préciser que cette absence totale de filtre frappe à chaque occasion qui se présente : du bouton d'acné qu'on a pourtant tenté de camoufler, aux kilos pris pendant les fêtes qu'on n'arrive pas à perdre, en passant par la nouvelle coupe de cheveux ratée qu'on essaye d'assumer parce que de toute façon, c'est trop tard… Pas de cadeau !

La directrice nous demande d'organiser le mercredi des parents : nous devons les inviter à venir en observation en classe par groupe de deux ou trois, pour leur permettre de découvrir comment leur enfant se comporte en collectivité, comment il travaille. On ne va pas se mentir : on ne connaît quasiment que les mères.

Ces portes ouvertes apportent elles aussi leur lot de surprises : certaines mamans débarquent sans prévenir avec leur nourrisson en classe. Pratique. D'autres pensent qu'il s'agit d'une invitation à prendre le thé et me racontent leur vie pendant que je parle aux enfants. Enfin mes préférées : les mamans qui répondent aux questions à la place des élèves, « Madame, je m'adressais aux enfants, je sais que vous connaissez les couleurs ». Gênant.

Une fois par semaine, l'école organise aussi des « décloisonnements ». Chaque maîtresse (selon le SNUipp 82,7 % des enseignants du premier degré sont des femmes à la rentrée 2018) échange sa classe pour proposer des initiations à la musique, aux langues, à la philosophie… Je choisis le théâtre et j'articule mes séances autour des émotions.

« Il y a la joie, quand on sourit.

– Il y a la tristesse, quand on pleure.

– La colère qui fait souvent froncer les sourcils.

– La peur, quand on sursaute. »

Les enfants mettent des mots sur des émotions, qu'ils associent aussi à des expressions physiques pour le côté théâtral. Tout le monde s'amuse quand le petit Petre se met à pleurer. Il vient de perdre sa maman d'une méningite foudroyante. Submergé d'émotions, il ne supporte pas qu'on « joue » avec ce qu'il n'arrive plus à contrôler.

Maintenant que je suis vraiment intégrée dans une équipe, j'observe les remplaçants qui défilent dans l'école et je dois bien le reconnaître, il y a de sacrés énergumènes. Le cowboy qui donne des leçons d'autorité : « Je peux te dire qu'avec moi, ils ont intérêt à filer droit sinon c'est contrôle pour tout le monde et je mets des sales notes qui font dégringoler les moyennes. » Le vétéran qui a tout vu tout vécu et qui critique tout. Il y a ceux qui se demandent ouvertement ce qu'ils font là : « J'aurais pas dû appeler ma gestionnaire ce matin, ça m'a fatiguée ! Demain je fais la morte je reste au lit. » Les branleurs qui s'assument : « La dernière fois, elle m'a demandé de prendre une classe à 8 heures à Aulnay-sous-Bois, c'est beaucoup trop tôt, j'ai pas que ça à faire. » Les éternels insatisfaits : « J'aime pas les petits de maternelle, ils te sollicitent tout le temps. J'aime pas les grands non plus, c'est des voyous. Et puis, j'aime pas les CP, trop de pression. » Et enfin, la catégorie de remplaçants la plus scandaleuse : les sadiques. Une enseignante a ainsi réussi à maintenir une classe de grande section de maternelle tête dans les bras, dans un silence total, pendant un après-midi entier. Pendant ce temps, elle était accrochée à son téléphone portable. La directrice de l'école l'a signalé à l'académie de Créteil, même si elle sait d'expérience que ça ne changera rien et qu'aucun rappel à l'ordre ne sera fait.

*

Je démarre une nouvelle semaine sur un couac : ma gestionnaire m'envoie dans une école qui n'a pas besoin de moi. Ça faisait longtemps que ça n'était pas arrivé ! Je finis par trouver l'école à laquelle je suis bien affectée, je fais le tour de l'établissement seule pour récupérer mes élèves de CP-CE2 éparpillés dans les autres classes. Le chauffage ne marche pas non plus dans cette école alors qu'il fait 7 degrés dehors. Ça aussi ça faisait longtemps et ça ne m'avait pas manqué. Heureusement, les élèves sont agréables, obéissants et le niveau est très bon : c'est un plaisir d'enseigner dans cette classe, même en manteau.

Toutes les conditions sont réunies pour que ce double niveau fonctionne : effectif réduit, élèves studieux. Pourtant l'école reste misérable, pas même une feuille à disposition dans la classe. Les enfants, très assidus, réclament leur cours habituel de lecture. S'il n'y a que cela pour leur faire plaisir… Mon enthousiasme est de courte durée : je n'ai qu'un seul livre pour toute la classe ! Il faut recopier tout le texte au tableau pour pouvoir exercer ces enfants à la lecture. « C'est comme ça qu'elle fait la maîtresse ? » Un livre tout abîmé pour une classe entière. Sérieusement ? J'ai bien pensé à faire des photocopies, mais je sais d'expérience que c'est une galère car il faut trouver le directeur qui doit mettre la main sur le code de l'imprimante appartenant à l'enseignant qu'on remplace, puis croiser les doigts pour qu'elle fonctionne… Mais surtout, la ville de Bobigny (en charge, comme chaque municipalité, des moyens mis à disposition dans les écoles) accorde une photocopie par enfant et par jour. C'est vraiment peu, alors j'évite d'utiliser les crédits des enseignants que je remplace…

Un élève vient juste d'arriver dans la classe. Il s'appelle Adjilé et son accent m'intrigue. Je lui demande d'où il vient :

« Je viens du Bénin, maîtresse.

– Génial ! Tu étais à l'école dans quelle ville au Bénin ?

– Mon école était à Cotonou. »

J'en profite pour montrer sur une carte où se trouve le Bénin et je propose aux enfants de questionner Adjilé sur sa vie au Bénin. Il raconte que le maître là-bas était plus sévère, qu'il devait porter un uniforme à l'école, ou encore qu'il prenait tous les jours les « zem », des taxis-moto, pour aller en classe…

La maîtresse que je remplace n'a-t-elle pas pris le temps de laisser Adjilé se présenter ? Dans chaque classe, au moins la moitié des élèves parlent deux langues, quelle richesse ! Pourquoi ne sommes-nous pas capables de le valoriser ?

Je termine ce remplacement par un cours de danse. J'emprunte une enceinte Bluetooth à une enseignante (son matériel personnel, évidemment) pour découvrir les chorégraphies des élèves. Claquements de doigts et regards charmeurs pour les garçons qui s'agitent sur « Men in black » de Will Smith, danse du soleil et ondulations pour les filles sur « Mama Africa » signé Kids United, Angélique Kidjo et Youssou N'Dour. Les enfants en profitent pour me demander s'ils peuvent me chanter des chansons apprises avec la maîtresse : j'adore ! C'est parti pour la reprise par Kids United du morceau *Tout le bonheur du monde* :

« Puisque l'avenir vous appartient
Puisqu'on n'contrôle pas votre destin
Que votre envol est pour demain… »

Des paroles qui, dans la bouche de ces petites bouilles d'amour de toutes les couleurs, me retournent le cœur. L'avenir appartient à ces enfants et je leur souhaite du plus profond de mon être tout le bonheur du monde. Mais qui viendra leur tendre la main ?

*

Retour avec mes petits, oui MES petits. La relation maîtresse-élèves est vraiment unique. On passe souvent plus de temps avec les enfants que les parents eux-mêmes, alors forcément on s'attache.

Les classes de maternelle sont toujours aménagées pour abriter un coin bibliothèque, un coin peinture, un coin pour le regroupement et le coin le plus populaire chez les enfants : le coin cuisine. Mais aujourd'hui, on ne va pas faire semblant de cuisiner puisque j'ai apporté tout le nécessaire pour faire des galettes des rois. Ça nous fera oublier l'infiltration dans le plafond de la classe qui a ravagé les quelques malheureux livres du coin bibliothèque et emporté les rideaux qui nous isolaient du froid. Tout le monde met la main à la pâte, dans la joie et la bonne humeur. La petite Dolores, très souvent absente, réapparaît après une semaine :

« J'étais chez mon papi parce qu'il est mort, j'ai mangé la galette et j'ai eu la fève. C'était trop bien ! »

Tous les jours, les élèves doivent répondre à la devinette d'un calendrier scolaire, conçu pour les maternelles :

« Qui sait comment on dit "violet" en anglais ?

– Maîtresse, moiiiiiii ! On dit POUPOULE ! (Khader, 5 ans).

– Comment appelle-t-on le restaurant qui sert seulement des crêpes ?

– Carrefour City ! (Lina, 5 ans). »

Mon binôme m'a demandé de consacrer régulièrement du temps à « la dictée à l'adulte ». Après quelques recherches sur internet, je finis par saisir le concept et l'intérêt : un enfant me dicte quelque chose et j'écris pour lui, ainsi il peut observer comment on traduit certains sons à travers l'écriture et surtout l'exercice lui permet de comprendre très concrètement l'intérêt de l'écriture. Souvent, je choisis des dessins et je demande aux enfants de me raconter l'histoire qu'ils ont voulu exprimer puis j'écris sous le dessin ce qu'ils me dictent : « La fille veut dormir mais elle ne peut pas parce qu'elle a ses cheveux dans ses mains à cause du vent », légende du dessin de Tuna. « Le bonhomme veut boire beaucoup de café mais la machine ne marche plus. Il va à l'hôpital pour voir sa grand-mère qui vient de mourir et qui s'est faite manger par le monstre », légende du dessin de Naman.

La gestion des « conflits » en maternelle est l'un des aspects qui m'amusent le plus. Pendant la récréation, les maîtres se transforment en juges et ouvrent une sorte de « bureau des plaintes ». C'est le défilé permanent, il y a du crêpage de chignons dans tous les sens, des crises de larmes pour des broutilles ou, à l'inverse, des chutes hyper violentes sans la moindre larme. Pour les bobos, la baguette magique c'est bien sûr le pansement. Il a le super-pouvoir de stopper les larmes et d'apporter une grande fierté : la preuve incontestable d'une blessure de guerre !

Lorsque deux enfants se disputent il suffit en général de les écouter, de demander à celui qui a fait « mal » à l'autre de s'excuser (en s'assurant qu'il a compris son erreur)… et même les plus gros chagrins disparaissent en une fraction de seconde. Les enfants repartent main dans la main. Souvent je les observe et je me dis qu'on serait vraiment plus heureux si on pouvait gérer les conflits aussi facilement entre adultes : « Tu dis pardon et on efface tout. » On a décidément beaucoup à apprendre des enfants. Même chose pour les histoires d'amour, quelle légèreté ! Cela ne pose de problème à personne si Khader, Amine et Zakaria sont tous les trois amoureux de Lina qui, elle, est amoureuse de Kévin.

Oh ! La petite Mila, habituellement si joyeuse, a un très gros chagrin. La bouche tremblante qui tire vers le bas, elle vient se blottir dans mes bras pour trouver du réconfort :

« Qu'est-ce qu'il se passe ma puce ? Tu es triste ?

– Noooooon…

– Tu as mal quelque part ?

– Noooooon…

– Quelqu'un t'a embêtée ?

– Noooooon…

– Mais qu'est-ce que tu as ?

– Jeee saiiiis paaaaaaas…

– Je crois que tu es très fatiguée, Mila…

– Maman elle (sanglots) elle (sanglots) elle (sanglots) elle dit toujours ça quand je sais pas pourquoi je pleure. »

On trouve de plus en plus de crottes de rats dans l'école, notamment dans le dortoir des tout-petits. Il faut secouer les couvertures avant de mettre les enfants au lit. Parfois, on voit des rats passer dans la cour au milieu des élèves qui jouent. Tout va bien.

5

Double peine

Fin janvier et dehors, c'est la tempête. J'arrive trempée pour vivre l'un des pires remplacements de mon année scolaire, dans une classe de maternelle en REP+ à Bobigny. Le directeur me met en garde : Yago est un grand diabétique qui nécessite une attention particulière, malgré la venue trois fois par jour d'une infirmière qui contrôle son taux de glycémie. L'angoisse. Dans la classe, il y a aussi Sarah, une petite fille qui n'a pas encore été diagnostiquée mais qui souffre de TOC (troubles obsessionnels compulsifs) :

« Elle répète en boucle les mêmes mots, on ne sait pas encore ce qu'elle a, prévient le directeur. Du coup, elle n'a pas d'AVS.

– Pipi, pipi, PIPI, pipi, pipipipipi, pipi, PIPIIIII, pipi…

– Et là, typiquement, est-ce qu'elle a envie d'aller aux toilettes ? dois-je demander.

– Oh non, ça fait partie des mots qu'elle répète. »

J'essaie de rassembler les élèves pour lancer une activité mais personne ne me calcule. Pendant qu'Omer court partout dans la classe, refuse d'obéir et fait même preuve d'insolence, Sarah fouille dans mon sac pour s'emparer de mon thermos de thé et le boire ! J'interviens immédiatement. Tel Pacman, son regard se fixe sur un morceau de pâte à modeler qu'elle fourre aussitôt dans sa bouche pour l'avaler. Le temps que je l'arrête et elle repart aussitôt vers un nouvel objectif, puis un autre. Ça va être très long ! Je n'arrive pas à mettre correctement les élèves au travail de toute la matinée, Omer continue à me provoquer, Yago vient me voir plusieurs fois pour me dire qu'il se sent faible... Je finis par l'emmener chez le directeur, pour ne prendre aucun risque :

« Yago, ça va pas recommencer. On ne joue pas avec ton état de santé ! Ton taux est parfaitement correct... »

Toutes les heures, avec un grand sourire, Yago m'explique qu'il se sent faible... soit pour éviter de travailler, soit pour me tester. Pendant ce temps, mon cerveau apprend à débrancher pour ne plus entendre Sarah qui répète les mêmes mots en continu :

« Maman, mamamamamamanaman, maman ? MAMAN, mamamamamaman, pipi, pipi...

– Pipipipi, PIPIPIIIIIII, bonbonbonbonbonbonbon, BONBONBONBON... »

Sarah crache aussi comme un petit chat agressif « CRRRRRR » !

Le niveau de la classe est très faible. Ces élèves de moyenne section ne connaissent même pas les couleurs alors que les groupes pour les ateliers ont des noms de couleur. Bref, tout pose problème. On me demande de revenir dans cette classe le lendemain, ça ne me réjouit guère.

La mère d'Omer m'agresse de bon matin :

« Alors comme ça, vous avez dit "tais-toi" à mon fils !

– C'est tout à fait possible, Omer était très agité hier, il a beaucoup perturbé la classe.

– Et du coup, vous pensez que tout est permis, que vous pouvez insulter mon fils !

– Jusqu'à preuve du contraire le verbe "taire" à l'impératif présent n'a jamais été une insulte. Hier, votre fils m'empêchait même de lire une histoire. Je lui ai demandé le silence plusieurs fois, il refusait d'obéir, alors oui j'ai effectivement dû sévir et lui dire "tais-toi".

– Donc vous avouez, c'est déjà ça ! Je vais immédiatement voir le directeur pour me plaindre… »

Déjà que je n'avais pas envie de retourner dans cette école…

« Pipipipipi, pipi, pipi pi PIPIPI, pipi, PIPIPIPIPIPIPIPIPI…

– Maîtresse, je me sens pas très bien. Faudrait vérifier mon taux… »

AHHHHHHHH ! Il est seulement 8 h 30 et je suis déjà au bord de la crise de nerfs.

De service pendant la récréation (je le suis quasiment tout le temps, le lot des remplaçants), je raconte à une collègue mes difficultés à gérer cette classe :

« C'est pareil dans toutes les classes, cette école n'est pas un cadeau. Il faudrait pouvoir rajouter un deuxième + à "REP+" pour la qualifier…

– La mère d'Omer est allée se plaindre parce que j'ai dit "tais-toi" à son fils hier…

– C'est l'hôpital qui se fout de la charité ! On a eu tous les frères d'Omer, ils nous ont tous rendus fous… Sa mère est insupportable, elle dépose des plaintes contre tout le monde. Elle ferait mieux d'élever correctement ses enfants qui sont de vraies brutes.

– Il peut être violent Omer ?

– Oh oui ! De toute façon, dans cette école, la violence est permanente. Je viens de faire le troisième signalement dans ma classe, à cause de parents violents. »

Depuis le début de l'année scolaire, je n'ai jamais cherché à savoir si je me trouve dans des REP ou des REP+. C'est d'ailleurs une information difficile à trouver.

Il faut fouiller sur internet pour le découvrir… Je prends le temps d'enquêter et découvre que 90 % des établissements que j'ai fréquentés depuis ma prise de fonction sont prioritaires.

Les semaines passent et ma classe de grande section continue à prendre l'eau à cause de l'infiltration dans le plafond, malgré les demandes répétées de réparation.

Une élève m'offre, tel un trésor, un petit sachet :

« Tiens maîtresse, c'est des bonbons pour toi parce qu'hier on a coupé le zizi de mes frères ! » (Asiya, 5 ans.)

Ma collègue Sana est en arrêt maladie depuis maintenant un mois à cause d'un accident de voiture sur le trajet de l'école… et toujours pas de remplaçant. Conséquence : les enfants prennent du retard. Ceux qui ne peuvent pas rester à la maison atterrissent dans les autres classes, ce qui donne plus de boulot aux autres enseignantes. Que du bonheur.

Fin janvier, tout le monde prend confiance ! De plus en plus d'élèves se trompent et m'appellent « maman » au lieu de « maîtresse ». Quant aux mamans, justement, elles me racontent leur vie entre deux portes :

« *Salam aleykoum*, comment ça va aujourd'hui ma chérie ? Et ton mari ? Et tes parents ? Et la famille ?

– Je t'ai pas dit, j'ai eu mon permis de conduire hier !

– Mon mari, il est pas gentil en ce moment…

– Je cherche du travail, mais c'est pas facile. J'ai passé une entretien hier, j'ai répondu ça. Tu en penses quoi ? »

Côté rats, pas d'amélioration ! La maîtresse Bérénice retrouve une bestiole crevée dans sa classe en arrivant le matin. Sans doute a-t-elle mangé la mort-aux-rats que la mairie est venue déposer autour de l'école… Un peu de poison à la portée d'enfants de 3 à 6 ans, où est le problème ?

Petites interruptions ordinaires et déroutantes :

« Maîtresse, je peux enlever ma robe ? (Solly, 5 ans.)

– Maîtresse, j'ai mangé une pomme. (Kévin, 5 ans.)

– Maîtresse, je t'aime trop trop comme l'âne Trotro ! (Amina, 5 ans.) »

Sur sept classes, trois enseignantes ainsi que la directrice ont le dos bloqué. Le mobilier en maternelle est à hauteur d'enfants et nous n'avons pas de bureau. C'est vraiment un boulot physique ! Le plus fatigant lorsqu'on est enseignant, à mon sens, c'est le bruit. On passe la journée entière dans les cris, les éclats de rire, les bavardages, le bruit des Lego qui se déversent au sol, les conversations croisées, les pleurs… En fin de journée, il n'est pas rare d'avoir la tête prête à exploser.

Il pleut ce jour, alors ça sera séance vidéo à la récréation. Si certains enfants s'agitent, parlent et perturbent le visionnage, les maîtresses hurlent et les agrippent par le bras pour les mettre au coin. Parfois, c'est franchement limite… Il m'arrive à moi aussi de m'énerver. Évidemment, crier ne résout rien.

Les disputes, les embrouilles, ce n'est pas réservé aux enfants. Entre adultes aussi, on bataille beaucoup dans les écoles. Conflits entre enseignants, avec les ATSEM, avec les AVS, avec le directeur… Comme chez les enfants, il y a des clans, des luttes de territoires, des guéguerres – et c'est parfois explosif.

« Apprends à faire ton travail.

– Ton concours pour devenir prof, tu l'as eu dans un Kinder Surprise ?

– Tu veux vraiment que je te dise tout ce qui me dérange chez toi ? »

Et puis parfois, c'est carrément les maîtresses, les racailles :

« Baisse les yeux quand tu me parles…

– Tu veux qu'on "s'explique" à la sortie ? »

J'ha-llu-ci-ne…

« Maîîîîîtresssssse !

– Oui Asiya ?

– Eh ben, tu sais, tu sais, tu sais, tu sais, eh ben, hier, hier, hier, hier eh ben…

– Maîtresse, on dirait que Asiya elle a buggé ! (Lina, 5 ans.) »

*

En avant pour le mois de février !

« Chers parents, votre attention s'il vous plaît, les poux sont de retour à l'école. Merci d'examiner la tête de vos enfants et de prendre vos dispositions. La direction. »

École = poux. Comment ai-je pu oublier cette équation ?

« Maîtresse, les poux ils sont noirs.

– Oui Dolores, pourquoi tu me dis ça ?

– Parce que moi j'ai que des lentes alors ça va et même qu'elles sont blanches !

– ARG, NE T'APPROCHE PAS DE MOI ! »

Et si on parlait alimentation maintenant ?

« Qui veut me raconter ce qu'il a mangé ce matin au petit déjeuner ?

– Moi j'ai mangé une glace à la vanille ! (Ayisa, 5 ans.)

– Maîtresse, moi j'ai bu du thé (Djibril, 6 ans). »

Même question après le déjeuner :

« De la baguette avec du sucre, c'était très bon. (Sanka, 5 ans.)

– Des patates !

– Tu veux dire des pommes de terre, Ryhanna ?
– Non maîtresse, c'était des patates ! »
On enchaîne avec la date :
« Tuna, comment est-ce qu'on écrit 21 ?
– Un 20 et un 1. »
Bah oui, pourquoi on s'embête ?

*

L'hiver est vraiment glacial, je débarque dans une école élémentaire pour un remplacement en CE2 : à nouveau pas de chauffage. Le bâtiment plein d'amiante file le cafard, les murs de ma classe sont totalement fissurés, les quelques affichages papier qui rappellent des règles de conjugaison et de grammaire sont déchirés, arrachés, le mobilier d'un autre temps n'est pas aux normes, le faux plafond dans les toilettes des filles est tombé, depuis les W-C sont hors d'usage…

Je suis de service de récréation (comme toujours, vous avez compris le principe), sauf que la cour a gelé. Elle est recouverte de plaques de verglas, c'est hyper dangereux ! Évidemment, les élèves trouvent très amusant de courir dessus malgré nos nombreuses mises en garde. Après vingt minutes dehors dans le froid, à crier après des préadolescents qui sautent sur la glace, alors que je suis déjà congelée puisque l'école n'est pas chauffée, une collègue m'annonce que j'ai cours de sport :

« Il faut que tu te dépêches pour être à l'heure parce que le gymnase est à vingt minutes à pied. »

Je suis ravie ! Trop pratique d'accompagner une vingtaine d'enfants, seule, vers un gymnase inconnu, en empruntant des trottoirs recouverts de verglas, sous la neige.

J'adore.

À l'arrivée, nous sommes trempés de la tête aux pieds. Le prof de sport fait une drôle de tête :

« Mais c'est pas aujourd'hui le cours avec vous, c'est jeudi ! »

C'est un canular là, non ? Bon bah, direction l'école. Les enfants ont tellement froid qu'on passe trente minutes à essayer de se réchauffer en arrivant en classe. À la pause déjeuner, je ne manque pas de faire une remarque à l'enseignante qui m'a envoyée au gymnase dans la précipitation, mais ça n'a pas l'air de la perturber plus que ça.

« Ah oui, je me suis trompée de jour… »

C'EST TOUT ?

Je suis congelée toute la journée, crevée, énervée et pour finir triste de découvrir que deux de mes élèves ne savent pas lire du tout. Kingston sait vaguement recopier les lettres mais rien n'a de sens pour lui. Henry ne sait même pas faire semblant de recopier. La suite de la scolarité pour ces enfants de 8-9 ans est prévisible : l'écart de niveau va se creuser de plus en plus, personne ne prendra le temps de leur venir en aide et ils seront très bientôt orientés vers une voie professionnelle. Pas encore 10 ans et déjà marginalisés.

« Maîtresssssssssse ! Perla, elle m'embête elle arrête pas de dire que je pue de l'haleine. »

Je suis une vraie gamine, mais je ris volontiers à ces remarques.

Dans cette classe, je suis la seule blanche. On en parle de la mixité dans les banlieues ?

*

Il neige comme rarement, Paris est paralysé. Beaucoup de transports en commun ne fonctionnent plus, j'essaie de joindre ma gestionnaire pour la prévenir que je ne pourrai pas me rendre à l'école, personne ne décroche.

Durant toute la semaine, le gouvernement demande aux Français d'éviter de prendre leur voiture et de favoriser le télétravail. À l'unisson, les syndicats d'enseignants demandent la fermeture des écoles puisque les transports sont saturés. Aucune réponse de l'Éducation nationale. Pendant plusieurs jours, je prends le chemin de l'école sans savoir si je vais réussir à l'atteindre et en repartir. Certaines écoles décident de fermer sans autorisation, mais pas la mienne.

Par un de ces matins enneigés, Djibril arrive en classe dans un état bizarre. Sa mère, amusée, me raconte qu'il a avalé une pilule contraceptive au petit déjeuner. Je demande à Djibril d'avancer dans le couloir, il ne marche pas droit. Je refuse de le prendre en classe. Sa mère comprend soudain que ça n'a rien de drôle, elle l'emmène chez le médecin qui lui prescrit du repos en attendant que l'étourdissement provoqué par la progestérone s'estompe…

*

Nouvelle journée, appel à 8 h 45 pour m'envoyer au fin fond du Blanc-Mesnil (10 kilomètres à parcourir en transports en commun depuis mon domicile). Je préfère prévenir :

« Je vais mettre au moins une heure pour y aller…

– Ils attendront ! »

Non seulement l'école est loin mais elle n'est pas desservie par les transports en commun. Je dois marcher trente minutes… Tout laisse à penser qu'il s'agit d'un établissement du réseau d'éducation prioritaire : environnement ghetto, infrastructures à l'abandon, agitation des élèves, manque de moyens matériels évident dans les classes.

Pourtant il n'en est rien et les effectifs sont là pour le rappeler puisque j'ai une classe de vingt-cinq élèves en CP (lorsqu'un établissement est reconnu prioritaire, les effectifs sont réduits de moitié en cours préparatoire).

Une partie des élèves ne parle pas du tout français. L'école maternelle n'étant jusqu'alors pas obligatoire, certains enfants restés chez eux jusqu'à 6 ans ne connaissent de fait pas les lettres de l'alphabet, les nombres et les couleurs… Et surtout ils doivent apprendre à se plier aux exigences et à la rigueur de l'école en même temps qu'à lire et écrire dans une langue qu'ils ne maîtrisent pas bien. Un jeu d'enfant !

J'arrive à peine en classe et Manolo essaye de piquer mon téléphone portable coincé dans la poche arrière de mon jean, pendant qu'Etan fouille dans mon sac à dos déposé derrière le bureau. Parfois, je m'arrête et je cherche la caméra cachée… Je remplace Jim Carrey dans le *Truman Show*, c'est ça ?

Aujourd'hui, mes collègues ont organisé une évaluation commune pour toutes les classes de CP. Seuls quatre de mes élèves comprennent ne serait-ce que l'énoncé.

L'après-midi, le directeur de l'école vient faire une intervention sur le harcèlement scolaire :

« Qu'est-ce qu'un harceleur ?

– Un malpoli ! (Stella, 6 ans.) »

Malgré la maladresse des explications du directeur, les élèves finissent par saisir le concept. On leur demande alors de dessiner une scène qui représente selon eux une forme de harcèlement. Plus de la moitié de la classe dessine le petit Manolo en action. Des accusations qui le laissent indifférent puisqu'il ne comprend pas le français. Et qui amusent le directeur, parfaitement conscient que cet enfant est une terreur…

Manolo sent mauvais, son visage est recouvert de crasse. Ses vêtements beaucoup trop grands, déchirés, sales, ont sans doute été trouvés dans la rue et il n'a même pas de manteau alors que nous traversons un hiver particulièrement froid. Ce petit garçon au regard malicieux a beaucoup de mal à tenir en place. Toutefois, entre deux bêtises, il montre une certaine volonté d'apprendre et de s'intégrer. Je lui demande de me dessiner sa maison et de me la faire « visiter » pendant que le reste de la classe est au travail. Il m'explique comme il peut, avec ses mots, des mimes, des sons, qu'il vit dans un camp. Il dort avec ses parents, ses frères et sœurs sur le sol mais les chiens qui aboient la nuit dans la cour près du feu l'empêchent de dormir. Dans sa « maison », il n'y a pas d'eau chaude, pas de chauffage… Je m'en doutais, mais son dessin le confirme : cet enfant de 6 ans vit dans un bidonville. À la sortie des classes sur le chemin (de trente minutes) qui me ramène au tram, je tombe sur Manolo avec sa mère et sa sœur qui font les poubelles.

« Maîtresse, je t'aime ! Et toi, est-ce que tu m'aimes ? (Samy, 6 ans). »

6

SOS détresse

Dernière semaine avant les vacances de Pâques et première session de rendez-vous parents / profs. C'est très étrange comme exercice car les parents sont souvent stressés, comme si l'enseignant était là pour juger de leur aptitude à être de « bons parents ». C'est d'autant plus déstabilisant que je n'ai pas d'enfant et que je ne me sens pas légitime pour juger de l'éducation qu'ils inculquent… tant qu'ils agissent dans l'intérêt de l'enfant. La plupart des mamans ne parlent pas français, elles se débrouillent pour venir avec un autre parent, ou un ami, pour assurer la traduction. Leurs questions tournent souvent autour du niveau de compréhension du français de leur enfant, qu'elles ne peuvent pas évaluer. Certaines mamans confient qu'elles ne savent ni lire ni écrire…

Parfois, lorsque je demande à ces parents de signer un mot dans le carnet de correspondance, ils font une croix là où je pointe mon doigt, sans comprendre ce qu'ils signent. Ma grand-mère paternelle était illettrée, cette souffrance appartenait pour moi au siècle dernier, en France.

Ces mamans ont vraiment envie d'offrir le meilleur à leur enfant. Lorsque je félicite la maman de Khader parce que son fils est un élément moteur de la classe, elle se met à pleurer de fierté… « On donne tout ce qu'on peut, tout ce qu'on a à nos enfants. Leur réussite, c'est notre récompense. »

J'ai rendez-vous avec le père de Walid, qui tente souvent d'échanger avec moi… en vain, puisqu'il ne parle que l'arabe syrien. Cette fois, nous allons pouvoir discuter puisqu'il a demandé au papa d'Amine de traduire :

« Walid est un petit garçon très timide, il ne parle jamais… pourtant je sais qu'il comprend parfaitement tout ce que je lui dis.

– Mes trois enfants ne parlent presque pas…

– Même à la maison, et en arabe ?

– Même à la maison… Ma grande fille Wafa de 9 ans ne parle toujours pas, sa maîtresse s'inquiète aussi. »

Et puis, le papa de Walid me raconte son histoire, avec beaucoup de pudeur :

« Nous avons fui la Syrie il y a huit ans, notre maison a été bombardée. Nous logeons dans le sous-sol d'une maison près de l'école avec toute la famille, mais le propriétaire souhaite qu'on parte au plus vite. Il nous menace tous les jours pour qu'on s'en aille mais on ne sait pas où aller… Il nous harcèle aussi par téléphone.

– Est-ce que vous avez fait des démarches administratives pour obtenir un logement ?Avez-vous le statut de réfugié ?

– Non, nous n'avons pas obtenu le statut de réfugié et nos demandes de logement n'aboutissent pas », me confie ce papa désespéré.

Je propose au père de Walid de revenir me voir avec tous ses documents administratifs, pour comprendre où en sont les démarches et voir de quelle manière je peux leur venir en aide. On termine la période scolaire avec la projection du traditionnel dessin animé, tous les enfants sont réunis. J'en profite pour partager les confidences du papa de Walid avec mes collègues :

« Ça fait des années que ça dure, les pauvres. Quand Wafa était en maternelle dans ma classe, elle faisait la manche avec sa mère à la sortie de l'école… La maman mendie toujours à quelques mètres d'ici », m'explique la maîtresse Sana.

Mes collègues sont touchées par ces révélations. L'équipe est jeune, entre 23 et 38 ans, mais les enseignantes semblent déjà habituées à ce genre de situations dramatiques. Si je veux aider cette famille, je suis prévenue : « c'est une démarche personnelle » et je ne dois « absolument pas compter sur l'école ».

Avant de souhaiter de bonnes vacances à mes élèves, nous fêtons les anniversaires du mois de février. J'ai demandé aux parents des élèves qu'on célèbre s'ils pouvaient apporter un petit quelque chose : des gâteaux, des bonbons, des jus… Quand arrive le moment de la petite fête, Khader tout déçu vient me confier à voix basse :

« Maîtresse, moi j'ai rien amené pour fêter mon anniversaire parce que mes parents ont dit qu'on a pas assez d'argent pour acheter des petits gâteaux.

– C'est pas grave Khader, regarde tout ce que tes camarades ont apporté ! Peu importe qui ramène quoi, on va faire un bon goûter d'anniversaire. »

À la fin de la journée, je suis en vacances pour deux semaines et pourtant, je m'effondre en larmes en rentrant chez moi. Depuis maintenant cinq mois, je minimise l'impact de toute cette misère sociale sur mon état psychologique, c'en est trop. Est-il encore possible qu'en France, en 2018, des écoles de la République soient privées de chauffage en plein hiver alors qu'il neige dehors, obligeant enfants et enseignants à rester en manteau pour faire cours ?

Qu'au moindre coup de vent, les fenêtres de certaines classes cèdent à la pression et s'ouvrent dans un fracas à en faire pleurer les enfants ? Que les portes-fenêtres d'une classe de maternelle auxquelles il manque une vitre sur deux ne soient pas remplacées malgré les nombreuses relances faites à la mairie, laissant ainsi entrer en classe la pluie, le vent et le froid ? Que le mobilier ne soit souvent pas aux normes ? Que certains faux-plafonds tombent ? Que des toilettes d'enfants soient condamnées parce que l'évier a fini par céder sans que jamais personne ne vienne le réparer ? Que des établissements dédiés aux enfants regorgent d'amiante ?

Qu'on puisse apercevoir des rats se balader dans la cour de récréation ? Qu'on retrouve leurs crottes dans les dortoirs des enfants et dans le pain de la cantine ? Que, dans certaines classes, les plafonds fuient à la moindre goutte de pluie, emportant au passage les quelques misérables livres qui constituent la bibliothèque ?

Qu'il n'y ait même pas une feuille blanche à disposition dans certaines classes ? Qu'on retrouve des canettes de bière et des mégots dans la cour de récréation le matin en arrivant ? Est-il possible de donner envie à des enfants d'apprendre dans un environnement laissé à l'abandon, où les murs sales et décrépis sont recouverts d'affichages par des enseignants qui ne savent plus comment cacher la misère d'établissements censés impulser l'ambition, mais qui au contraire transpirent l'indifférence ?

Bonnes vacances.

*

V'là le printemps, en avant pour la période 4. Elle démarre très fort, puisque personne ne répond au téléphone pour me donner d'affectation. Cette fois, je ne vais pas insister pour voir ce qu'il se passe. Résultat : je reste chez moi toute la journée et personne ne se rendra jamais compte que j'ai fait l'école buissonnière.

Le lendemain, je harcèle tout le monde. On me donne une affectation sur plusieurs jours alors que j'ai ma classe à partir de mercredi. C'est fatigant n'est-ce-pas ? Je me demande quel logiciel ce service utilise pour avoir aussi peu de visibilité sur l'emploi du temps des remplaçants, voire s'ils ont un logiciel tout court ? Je ne sais pas non plus comment ma gestionnaire s'y retrouve pour me donner les primes correspondantes lorsque j'enseigne en REP et REP+, c'est impossible à voir sur le bulletin de paye, qu'on obtient d'ailleurs avec un décalage systématique de quatre à cinq mois. Dans n'importe quelle entreprise, ça serait jugé scandaleux et illégal, mais quel recours les enseignants ont-ils lorsque l'employeur qui outrepasse ses droits, c'est l'État ?

*

Je file rencontrer des élèves de CM2 dans une école de Bobigny. C'est la semaine de la rentrée, je lance une expression écrite libre pour que les élèves racontent leurs vacances. Là encore, la plupart d'entre eux déclarent s'être ennuyés. Je reste plantée devant le tableau pour pouvoir écrire tous les mots de vocabulaire dont ils ont besoin.

« Maîtresse, comment est-ce qu'on écrit "pendant" ?

– Est-ce que quelqu'un peut aider Lehna et lui dire comment on écrit le mot "pendant" ?

– C'est facile, maîtresse, "P-E-N" comme Marine Le Pen et après "D-A-N-T" comme la dent (Nour, 10 ans). »

À la récréation, je discute avec Mathieu, enseignant et responsable syndical au SNUipp-FSU 93, pour en savoir plus sur la politique de Bobigny :

« Stéphane de Paoli a mis fin à quatre-vingt-dix ans de communisme dans la ville aux municipales de 2014. C'est un maire UDI, et son programme reposait principalement sur la gratuité de la cantine dans les écoles, le stationnement gratuit, l'installation de caméras de surveillance pour "sécuriser" la ville et une volonté de fermer les camps de Roms… Alors que c'est l'une des rares municipalités qui ne demandent pas leur expulsion.

– Comment ça se fait qu'un fief communiste qui a duré quatre-vingt-dix ans laisse en héritage toutes ces écoles si misérables ?

– Parce que les communistes ont tout misé sur le service à la personne, mais malheureusement pas sur les infrastructures…

– Mais c'est quand même fou que certaines classes n'aient pas un bloc de feuilles, des stylos, voire un tableau… !

– Pareil, le matériel dépend du bon vouloir des villes et de leurs budgets. À Bobigny, on a environ 30 euros par an et par enfant. Un livre scolaire coûte environ 18 euros… Je te laisse imaginer à quel rythme on peut réinvestir dans les classes. Même pas la peine de penser aux sorties ou aux voyages scolaires. Et si on sollicite les parents, comme ils n'ont généralement pas d'argent… ça ne change pas grand-chose. »

Après l'école, j'ai rendez-vous avec mon binôme, Marie, afin qu'on organise la répartition des objectifs du programme pour cette nouvelle période. Bien que nous travaillions ensemble sur des projets pédagogiques communs, nous nous croisons très rarement puisque le principe c'est justement que je sois dans l'école quand elle est au syndicat. J'en profite pour lui raconter dans quelles conditions j'enseigne tous les jours et surtout pour partager mon indignation face à l'incompétence du service des remplacements :

« Ce que tu me racontes est hallucinant, on n'arrive justement pas à mettre la main sur ce service. C'est complètement verrouillé dans les négociations alors qu'on sait que c'est le bazar. On organise une réunion la semaine prochaine pour recueillir tous les témoignages des remplaçants, rendre compte des dysfonctionnements qu'ils subissent. Est-ce que tu accepterais de venir témoigner ?

– Avec joie ! Déjà parce que ça va me faire du bien d'être entendue et surtout parce que j'espère que mon témoignage pourra aider à faire évoluer dans le bon sens la gestion des remplaçants. »

*

Je retrouve ma classe, particulièrement agitée malgré les vacances. Ils grandissent à vue d'œil, font de moins en moins « bébés », de plus en plus « enfants ». Le petit Djibril est suivi plusieurs fois par semaine par « un maître E » (un enseignant qui cherche à comprendre les difficultés de l'enfant pour tenter des approches lui permettant d'assimiler les notions de base). Djibril s'accroche mais il a toujours beaucoup de mal à s'exprimer correctement. Je le comprends de mieux en mieux mais, dès qu'il parle avec une autre maîtresse qui n'a pas le « décodeur », c'est la panique. Ceux qui le comprennent le mieux, ce sont finalement les enfants… Djibril parle un peu comme un bébé, en yaourt, je me dis que les enfants ont pour la plupart des petits frères et sœurs à la maison, ça doit jouer.

Le maître E souhaite s'entretenir avec moi pour faire un bilan :

« Je trouve qu'il fait des progrès et je me demande s'il ne serait pas prêt pour le CP, qu'est-ce que tu en penses ? »

Il est très rare qu'un redoublement soit accepté en maternelle (ça coûte cher à l'État : pas la priorité d'offrir du temps supplémentaire pour apprendre aux enfants de la République), mais la demande a été faite en début d'année car le cas de Djibril est sérieux.

« Il fait beaucoup d'efforts et il y a du progrès, mais soyons réalistes il ne parle toujours pas vraiment... Djibril est très sensible, il se braque facilement en situation d'échec. L'envoyer en CP, c'est s'assurer qu'il va totalement se décourager en début de scolarité. »

Que se serait-il passé si j'avais donné raison au maître E ? Je suis toujours épatée d'être consultée pour des décisions aussi importantes dans un couloir, sans avoir reçu aucune formation.

Une colonie de fourmis s'est installée dans la classe pendant les vacances, les enfants sont aussi effrayés qu'excités ! Je m'offre un moment de lecture plaisir avec *Un bon petit ogre*, emprunté à la bibliothèque de l'école :

« ... le bon petit ogre, jamais rassasié, avale un bouquet de fleurs !

– Mais maîtresse, les fleurs ça ne se mange pas, c'est fait pour décorer la nature... (Lina, 5 ans.)

– ... ou pour offrir aux mamans ! (Kévin, 5 ans, qui a perdu toutes les dents de devant pendant les vacances). »

Cela fait trois semaines de suite que mon binôme a des réunions syndicales exceptionnelles sur ses jours de classe. Des remplacements qui pourraient être anticipés : la directrice appelle à chaque fois le service de remplacement pour demander si je peux venir, puisque c'est aussi ma classe et que je suis disponible, mais la demande n'aboutit jamais et ma propre classe n'a pas de remplaçant.

Arrive justement la réunion organisée par le syndicat SNUipp-FSU 93 sur le thème du remplacement. Dans une salle de conférence austère, une vingtaine de personnes sont réunies face à des représentants du syndicat. Il y a plusieurs catégories d'enseignants remplaçants : les BD (brigade départementale) qui sont – comme leur nom l'indique – affectés à un département, les ZIL (zone d'intervention localisée), à qui on confie plusieurs villes, et les contractuels, les seuls qui ne sont pas fonctionnaires et qui n'ont pas passé le concours. Pourquoi certains enseignants titulaires font-ils le choix de devenir remplaçants ? Parce que ce statut qui demande une grande capacité d'adaptation offre aussi de sérieux avantages, notamment sur l'implication en dehors des heures de cours : peu de corrections, pas de carnets scolaires à remplir, de rendez-vous avec les parents, de conseils de maître, pas d'évaluation à mettre au point et surtout, des primes de déplacement et l'ISSR (indemnité de sujétions spéciales de remplacement) calculée en fonction de la distance séparant l'établissement d'exercice de l'établissement de rattachement administratif. Le taux journalier brut varie entre 15 euros pour moins de 9 kilomètres et 59 euros jusqu'à 120 kilomètres. Un complément de salaire non négligeable !

Ces enseignants se confient tour à tour sur les différents dysfonctionnements rencontrés au quotidien. Plusieurs témoignages décrivent des journées passées en salle des profs à se tourner les pouces, alors qu'il y a pourtant des besoins évidents, d'autres illustrent l'illogisme du service à travers des anecdotes :

« J'ai appelé ma gestionnaire pour la prévenir qu'une enseignante était absente dans mon école de rattachement. Elle m'a envoyé dans une autre école dans une autre ville… J'ai pas compris », confie un BD.

Une jeune enseignante prend la parole pour raconter sa rentrée :

« J'ai dû appeler plusieurs fois par jour et pendant tout le mois de septembre pour qu'on finisse par me demander qui j'étais ! Si je n'avais pas appelé encore et encore, j'aurais pu rester chez moi toute l'année… »

Toutes les interventions convergent autour d'un sentiment unanimement partagé : l'impression de ne pas exister au regard de l'administration.

L'académie de Créteil peine à recruter de nouveaux professeurs dans l'enseignement du premier et du second degré. Pour preuve, au concours 2018, il y avait plus de postes à pourvoir que de candidats admis (1 450 postes pour 1 087 admis au concours dans le premier degré). Depuis 2015, l'académie de Créteil a même créé un concours supplémentaire pour répondre au manque criant d'enseignants dans le département. Le SNUipp-FSU 93 compte pourtant 571 contractuels recrutés fin 2018 dans le département pour compenser les manques.

Il faut dire que ce n'est pas le salaire qui pourrait rendre la profession attractive : entre 1 818 euros en début de carrière, jusqu'à 3 777 euros après trente ans de classe (salaire brut). Bizarrement, je suis mieux payée qu'un titulaire en début de carrière : 2 019 euros brut versus 1 818 euros brut. Comment inciter à passer le concours, se replonger dans les révisions, affronter le stress des examens, pour gagner moins que celui qui n'a pas de formation ?

*

Retour en classe de maternelle, après un décloisonnement :

« La maîtresse Charlotte nous a lu un livre cochon. » (Sheraz, 5 ans.)

Moi aussi j'ai sursauté... puis j'ai compris qu'il parlait des *Trois Petits Cochons*.

Le père de Walid veut me parler, je sollicite un autre papa pour assurer la traduction. J'ai bien conscience que c'est particulièrement délicat de lui demander de se confier devant une tierce personne, mais je n'ai pas d'autre choix pour pouvoir communiquer.

Le propriétaire du sous-sol où la famille vit perd patience, l'expulsion est imminente...

« Je vais devoir partir, ma seule alternative c'est le camp de réfugiés syriens à Orly mais les enfants vont devoir arrêter l'école... »

Je me suis vraiment attachée à mes élèves et j'étais très heureuse de voir Walid s'ouvrir de plus en plus aux autres, il commençait même à sourire ! À force d'acharnement, j'ai réussi à obtenir des salutations chuchotées quotidiennes. Son départ de l'école serait un coup dur, je me sens totalement démunie.

Je passe quelques coups de fil pour voir comment je pourrais aider cette famille à trouver rapidement un nouveau toit, avant la catastrophe. La Fondation Abbé Pierre, Emmaüs Habitat, les associations de quartier, tout le monde me balade. Les délais d'attente pour espérer obtenir un logement sont de plusieurs mois, sans garantie. On me communique des mauvais numéros, non attribués ou pas le bon destinataire. Quelle galère !

Je rapporte la situation à la directrice de l'école qui décide de rédiger une IP (information préoccupante) aux services sociaux puisqu'il y a risque de déscolarisation. Avec ce rapport, elle espère donner l'alerte pour obtenir de l'aide face à l'urgence… mais c'est aussi prendre le risque que les enfants soient considérés « en danger » et qu'ils soient placés. Un coup de poker insupportable.

La directrice de l'école élémentaire du même groupe scolaire, Laure, vient interrompre notre conversation :

« Je viens d'être victime d'une agression. La mère d'un élève m'a poussée violemment en m'accusant d'être raciste parce que son enfant est tout le temps puni. J'ai expliqué que s'il est puni, ça n'a pas de rapport avec la couleur de sa peau, mais parce qu'il fait tout le temps des bêtises… et elle est devenue folle de rage ! Je vais porter plainte au commissariat. »

La maîtresse Hadja qui a eu cet élève en maternelle s'immisce dans la conversation :

« Elle m'a traitée de raciste pour les mêmes raisons quand c'était mon élève, parce que j'avais osé dire que son fils avait des problèmes de comportement ! Les gens sont perdus, comme si on pouvait enseigner ici et être raciste… »

Il est vrai que c'est l'un des avantages dans ce département, il y a peu de chances de tomber sur un collègue raciste…

On enchaîne les violences puisque le lendemain, le directeur d'une école élémentaire du quartier nous annonce qu'on lui a volé son cartable pendant qu'il discutait avec des parents, à l'ouverture des portes de l'établissement. Son cartable contenait notamment le chéquier de la coopérative de l'école, il va devoir faire opposition et déclarer le vol à la préfecture. Qui peut se lever le matin en se disant « Tiens aujourd'hui je vais voler le cartable du directeur de l'école du coin » ? Déprimant.

*

Direction Drancy, ça faisait longtemps que je n'avais pas quitté Bobigny. L'école maternelle est mignonne, l'équipe sympa. C'est d'ailleurs l'un des rares établissements où il n'y a pas de distinction entre les enseignants et les ATSEM, on sent tout de suite le respect et la bonne ambiance (événement rarissime : tout le monde mange ensemble le midi !). Enfin il y a des moyens matériels et ça change tout.

L'un de mes élèves, qui répond à deux prénoms, Liang ou Vincent au choix (pas compris pourquoi !), a la main dans le slip en permanence… Il sort son zizi en classe ! Heureusement à cet âge-là les enfants ont l'habitude de se voir nus, notamment aux toilettes :

« Tu fais quoi toi ? Pipi ou caca ?

– Tu t'es pas bien essuyé les fesses… »

La directrice est heureuse que je sois affectée à l'école deux jours, elle s'estime chanceuse :

« Tu es la seule remplaçante sur toute la ville de Drancy aujourd'hui, j'ai dû batailler pour t'avoir ! »

Drancy : trente-quatre écoles publiques (maternelles et élémentaires) et un seul remplaçant. C'est sûr qu'il doit y avoir beaucoup d'enfants sans prof dans la ville.

Sur des courts remplacements en maternelle, on se réjouit toujours de pouvoir exploiter le répertoire musical commun à toutes les écoles françaises pour occuper les enfants : *Le Facteur qui n'est pas passé et qui ne passera jamais*, *Le Petit Escargot qui porte sur son dos sa maisonnette*,

La Souris verte qui courait dans l'herbe... Tout y passe ! Quand on voit la place qu'occupent les comptines en maternelle, on comprend pourquoi elles sont aussi ancrées dans les mémoires. Dommage collatéral pour les enseignants : des soirées entières avec ces chansons dans la tête... « Ohé ohé ohé le fermier dans son pré ! »

*

Retour dans ma classe. Le mois de mars touche à sa fin, et pourtant le rituel de la météo nous rappelle que le printemps s'est perdu en route :

« Il pleut encore aujourd'hui !

– C'est parce que le soleil est fatigué maîtresse, il arrive plus à se réveiller le matin et il dort toute la journée pour se reposer (Kévin, 6 ans). »

Alerte catastrophes naturelles. Pendant un service de récréation, la petite Belma se fait pipi dessus. Elle est trempée, même ses chaussettes sont mouillées. Je dois la changer pendant que je surveille les autres enfants qui s'amusent dans la cour, pratique. Sanka, lui, vomit dans ses mains en classe, il a une gastro. Un élève de la classe voisine a fait caca dans l'urinoir. Tout va bien.

*

Ce matin, l'habituel service RRF (recrutement, remplacement, formation) veut m'envoyer au Blanc-Mesnil, je demande à tout hasard s'il n'y a pas plus près ? J'ai bien fait de poser la question, quatre enseignants manquent à l'appel dans une école élémentaire à Bobigny. Je m'étonne encore de l'étendue de cette ville, je mets cinquante minutes en transport pour arriver à destination. Je rentre facilement dans l'école, sans rencontrer personne. Je trouve trois élèves devant le bureau de la directrice. Après cinq minutes d'attente, je toque à sa porte :

« Je suis au téléphone, j'arrive. »

Quinze minutes plus tard, la directrice n'a toujours pas raccroché. Moi qui me suis dépêchée d'arriver pour ne pas faire attendre mes élèves… Je discute avec les trois enfants qui jouent à la toupie devant le bureau :

« Pourquoi vous attendez ?

– Parce qu'on est arrivés en retard, il faut qu'elle nous fasse un mot pour qu'on soit autorisés à aller en classe.

– Et vous attendez depuis combien de temps ?

– Euh… Une heure et vingt minutes ! »

Après vingt-cinq minutes d'attente, la directrice finit par raccrocher, elle s'occupe des élèves avant de m'accueillir puis nous partons ensemble chercher mes CM1. Elle interpelle au passage une enseignante qui parle à sa classe dans un couloir :

« Ta voix ne porte pas assez, je vais t'apprendre à crier pour te faire respecter. »

Je récupère peu à peu tous mes élèves, on fait connaissance :

« Tu dois pas sourire comme ça, être sympa… Ils sont terribles, tu vas te faire bouffer », m'intime la directrice devant les enfants.

Faire la gueule et crier, super conseils.

Plus tard, une maîtresse m'interpelle en salle des profs :

« T'as des cas désespérés dans ta classe, perds pas de temps avec eux… Genre la petite Jennifer, elle est cramée. Sa mère est une camée… »

Tant de cynisme en si peu de mots.

Le niveau est mauvais et comme souvent accompagné de sérieux problèmes de comportement. Jets de boulettes de papier au tableau, provocations, violences verbales et physiques entre les enfants, tout y passe.

« Youssef, est-ce que tu peux me dire à quel temps est la phrase "nous irons nous promener" ?

– Au passé du futur ! »

Le niveau n'est pas meilleur en mathématiques. Les enfants ne comprennent pas l'intérêt d'apprendre à faire des additions, des soustractions, des divisions et des multiplications. J'essaie de leur proposer des problèmes qui, je l'espère, leur permettront de comprendre l'utilité des opérations dans la vie courante :

« Je veux acheter deux nouveaux fauteuils et je dispose de 70 euros pour cet achat. Dans le premier magasin, le fauteuil coûte 30 euros l'unité, mais je préfère le modèle du deuxième magasin qui coûte 38 euros. Pose les opérations qui permettent de dire quels fauteuils je peux acheter, combien ça coûte ? Combien il me reste ou au contraire combien il me manque ? » J'implique souvent les enfants pour les motiver : « Votre mission si vous l'acceptez, c'est de m'aider à savoir si je peux acheter ces fauteuils, j'ai besoin de vous », et ça marche !

*

Retour chez les maternelles, ici on commence à travailler les syllabes :

« Trouvez des mots qui commencent par la syllabe "bou".

– Un bouffer à volonté ! (Louise, 5 ans.) »

Nous sommes déjà début avril et j'ai rendez-vous avec un maître E et une psychologue pour parler de mes élèves :

dans quel but, pourquoi, comment ? Aucune idée. Ma classe fonctionne bien, les élèves sont obéissants, ils se mettent au travail rapidement et je trouve que le niveau est plutôt bon, comparé à ce que j'ai pu avoir ailleurs. Je suis sereine et je dirais même fière de présenter mes élèves à ce rendez-vous en présence de la directrice, en salle des maîtres :

« Peux-tu nous faire un bilan pour chaque enfant ?

– Ryenne répond parfaitement à tous les objectifs, elle est gentille, sociable... Mikaïl maîtrise encore mal le français, il a beaucoup de mal à distinguer le féminin du masculin et il a tendance à être violent avec les autres... Walid s'accroche mais il ne parle toujours pas... Tuna ne sait pas ce qu'elle fait là ! ... Dolores n'est jamais là, du coup elle est totalement larguée... Ryhanna ne comprend pas tout ce qu'on lui dit mais elle est maligne parce qu'elle copie sur les autres ! Kévin est très agité, peut-être même hyperactif mais il travaille... Sanka parle très mal le français mais il s'accroche... Djibril n'arrive toujours pas à parler mais il progresse... Si tous les élèves pouvaient ressembler à Amina, le bonheur ! Il y a un truc qui tourne pas rond chez Ali, il ne comprend rien du tout, je suis désespérée. »

Je passe en revue les vingt-quatre élèves, le maître E et la psy prennent des notes pour chaque enfant. À la fin, le regard plein de compassion, ils me demandent :

« Et ça va, tu tiens le coup ?

– ... Bah oui carrément, j'adore cette classe. Pourquoi ?

– Parce que d'après ce que tu viens de nous raconter, plus de la moitié des enfants sont en grande difficulté, ça ne doit pas être facile de faire progresser la classe. »

Je regarde leurs notes et je constate avec étonnement qu'il y a effectivement de l'encre rouge partout pour souligner toutes les difficultés pointées. C'est comme si je comprenais soudain que le niveau n'est pas bon, je me suis juste habituée au médiocre, au « pas si pire ». Comment ai-je pu me convaincre que ma classe sortait du lot, que mes élèves étaient brillants juste parce qu'il y a une bonne ambiance de travail ? Moi qui m'applique à analyser tous les jours le niveau des élèves, les conditions de travail des enseignants. L'indignation pompe beaucoup d'énergie et pour trouver la force d'avancer, il faut parfois lâcher prise et se convaincre que « ça va » alors qu'en réalité, il n'en est rien.

Étrange remise en question, j'en parle avec mon binôme Marie :

« Je vois parfaitement ce que tu ressens, c'est fou n'est-ce pas ?

– C'est si triste de constater que cette classe qui donne pourtant l'impression de s'en sortir par rapport à tout ce qu'on peut croiser dans le département est elle aussi en grande difficulté. Que vont devenir ces enfants, défavorisés dès la maternelle ?

– On fait tout ce qu'on peut, avec nos moyens… C'est ce qu'il faut se dire. On est bien les seuls à se préoccuper de leur avenir. Qui est-ce qui se soucie des enfants du 93 ? »

*

Aujourd'hui, c'est carnaval dans le quartier. J'ai transformé ma classe en armée de Minions, ces petites créatures jaunes à salopette de dessin animé, j'adore ! On a confectionné nos déguisements à base de découpage, de collage, d'assemblage. À mon signal (quand je claque des doigts), les enfants crient « BANANAAAA » comme les Minions et secouent des maracas. Les écoles du quartier ont toutes joué le jeu, un thème par classe… et nous voilà en train de défiler dans les différents établissements et dans les rues du quartier. Pour qu'un tel événement puisse avoir lieu, les écoles doivent demander des autorisations auprès de la préfecture, censée encadrer la sortie. Malgré l'autorisation acceptée, aucun renfort à l'heure dite. On fera sans, comme d'habitude. Malgré la grisaille, le froid et la tristesse des rues environnantes, ce défilé improbable d'Indiens, de fruits, de coccinelles, de fleurs, ou encore de Minions réchauffe le cœur.

C'est le dernier jour avant les vacances de Pâques, on laisse les enfants se défouler plus longtemps dans la cour de récréation avant de mettre tout le monde devant le dessin animé *Vice-versa*. Je discute avec les enfants (qui adorent rester avec les maîtresses pendant la récréation pour leur grimper sur les genoux, leur raconter leur vie, leur faire des coiffures ou leur montrer leurs exploits : « maîtresse, regarde comment je cours vite », « maîtresse, tu peux me regarder descendre le toboggan ? ») quand j'aperçois Belma, 5 ans, trisomique, à califourchon sur un petit garçon allongé au sol face contre terre. Belma le chevauche comme un poney au galop, elle n'a pas conscience que le petit garçon, lui, pleure. Il est tout rouge, ne peut pas se dégager et a du mal à respirer.

J'interviens tout de suite, l'enfant a eu très peur, son visage est tout écorché. Un accident est si vite arrivé… Les effectifs ne sont pas suffisants pour permettre de surveiller tous les élèves. L'AVS de Belma est là vingt heures par semaine, c'est le maximum qu'un enfant dans le besoin puisse obtenir dans le 93. Dans un département comme celui-ci, on doit déjà s'estimer heureux lorsque l'on réussit à avoir l'aide d'un auxiliaire de vie scolaire dans une classe pour accompagner un élève pourtant officiellement en détresse.

Selon le SNUipp-FSU 93, il manque actuellement des centaines d'AVS dans les écoles de la Seine-Saint-Denis. Conséquences : il faut parfois attendre plusieurs années pour que la demande aboutisse, ou l'auxiliaire s'occupe de plusieurs enfants dans une même classe, alors que chaque élève devrait pouvoir compter sur cette aide censée être individuelle. Les AVS offrent un accompagnement, une attention, une aide indispensables pour ces enfants peu adaptés au système scolaire « classique ». Pourtant un auxiliaire recruté uniquement avec un baccalauréat ou diplôme équivalent ne travaille pas à temps complet mais en général à 57 %, pour un salaire qui avoisine les 1 126 euros en équivalent temps plein. Je ne comprends pas cette société qui ne sait absolument pas valoriser ni par la reconnaissance, ni par le salaire les professions les plus difficiles. Pendant toute l'année scolaire, j'observe avec une grande admiration et un profond respect la maîtresse Hadja qui, dès que l'AVS n'est pas là, s'occupe de Belma en même temps que des vingt-trois autres enfants. Belma qui peut, à chaque moment d'inattention, aussi bien s'échapper de la classe, avaler tout ce qui lui tombe sous la main ou bloquer sur un seul et même geste, comme taper sur le même instrument de musique pendant une journée entière, par exemple…

7

Quand l'école n'est pas un refuge

Dernière période, dernière ligne droite. J'ai une affectation dans la classe CP-CE1 de Bobigny que j'avais adorée ! Très heureuse de retrouver les élèves mais désolée de constater que le chauffage n'est toujours pas revenu des semaines plus tard, alors qu'il pleut. C'est très humide, il faut à nouveau faire classe en manteau… J'intercepte une discussion entre deux élèves de 6 ans :

« Tu es musulman toi ?

– Ça veut dire quoi ?

– Quand tu es musulman, ça veut dire que tu manges pas de porc, si t'en manges c'est que tu es chrétien.

– Euh je mange du porc mais je suis pas chrétien…

– Alors ça veut dire que tu es musulman mais que tu manges du porc. »

Voilà.

*

Deuxième moitié de semaine, retrouvailles avec ma classe. Kévin vient de déménager, ça le perturbe beaucoup. Il me raconte qu'il vit désormais avec son cousin et sa maman. Pas de papa à l'horizon. Walid qui souriait un peu avant les vacances est à nouveau complètement fermé.

Khader a été chez le coiffeur : il s'est fait tracer la virgule Nike sur le côté du crâne. Lina a fait l'aller-retour au Maroc en voiture, elle m'a rapporté des œufs de son jardin de Fès. Sanka, lui, m'offre un magnifique bracelet qu'il a lui-même fabriqué pendant les vacances : une feuille A4 avec un trou au milieu pour que je puisse glisser ma main, toutes les lettres de l'alphabet inscrites au feutre dessus et des emballages de gâteaux collés. Zakaria, enfant précoce particulièrement intelligent et jusqu'à présent obéissant, fait désormais des crises ; il refuse d'entrer en classe le matin, crie, pleure, se débat. Quand je lui parle en tête à tête il dit qu'il me déteste et qu'il veut que je disparaisse, ne plus jamais me voir. Même si je sais que je ne dois pas le prendre personnellement puisqu'il ne s'est rien passé de particulier, que le problème vient sûrement d'ailleurs et que Zakaria fait un transfert sur moi, ça me fait de la peine. En remontant d'une pause déjeuner, il pousse violemment un autre enfant dans les escaliers. Je le dispute et déclenche une nouvelle crise d'hystérie. Zakaria se roule par terre en tapant des pieds et des poings, je suis obligée d'appeler la maîtresse Hadja dans la classe voisine en renfort.

Le lendemain, la mère de Zakaria vient me voir très agacée :

« Vous avez accusé mon fils d'avoir poussé un autre enfant dans les escaliers mais je connais mon fils et ça n'était pas lui.

– Madame, avec tout mon respect, j'ai vu Zakaria pousser Khader intentionnellement.

– Il m'a juré que c'était pas lui, je le crois. »

Je profite que tous les enfants soient réunis au coin rassemblement pour demander à Zakaria ce qu'il s'est passé hier dans les escaliers. Sourire aux lèvres puisqu'il a entendu sa mère prendre sa défense, il clame son innocence. Je demande aux autres enfants s'ils ont vu ce qu'il s'est passé, j'interroge aussi la victime :

« C'est Zakaria qui a poussé Khader ! soutiennent tous les élèves témoins de la scène.

– Zakaria, pourquoi est-ce que tout le monde affirme que tu as bien poussé Khader si ça n'est pas vrai ?

– Parce que c'est moi qui l'ai poussé ! » dit-il amusé de me faire perdre mon temps.

Lorsque la mère de Zakaria vient le chercher à 16 heures, il fait exprès de venir me faire un bisou pour me dire au revoir. Je ne comprends rien à ce cinéma qui va durer plusieurs semaines… Zakaria refusera d'entrer en classe, se mettra dans des états pas possibles à chaque fois qu'il me verra. Puis un beau jour, il arrêtera les crises pour redevenir le petit garçon gentil et équilibré qu'il a toujours été. Pas compris.

Mes élèves sont habitués à me voir finir mon café quand ils arrivent en classe le matin, alors les plus attentionnés filent désormais dans le coin cuisine au cours de la matinée pour faire semblant de me préparer une autre tasse. J'ai beaucoup de plaisir à boire ce café imaginaire !

Une nouvelle élève arrive au mois de mai. Sa mère apporte son dossier scolaire rempli de remarques hyper négatives, « Problèmes de discipline, Anaëlle n'en fait qu'à sa tête, en échec scolaire. »

« C'est exactement tout ce qu'il ne faut pas faire en maternelle ! » me confie la directrice en me montrant les commentaires sur le bulletin.

Sont visiblement pas tous d'accord, mais pourquoi est-ce que personne ne vérifie ou n'impose quoi que ce soit au niveau national ? Je ne comprends pas pourquoi il n'y a aucune ligne directrice claire…

Dans la répartition du programme pour la période 5, j'ai hérité de l'étude des quantités avec les euros. J'ai donc soigneusement imprimé et découpé des pièces de 1 et de 2 euros. Première difficulté : expliquer que les pièces ont plus ou moins de « valeur » (pas facile comme notion à cet âge). « Les pièces de 2 euros sont plus précieuses que celles de 1 euro. » Pas de réaction. Imaginez la suite, quand il s'agit de faire comprendre aux enfants que deux pièces de 1 euro valent autant qu'une pièce de 2 euros ! Ou encore que pour compter 3 euros, on peut soit donner trois pièces de 1 euro, soit une pièce de 2 euros et une pièce de 1 euro… Je peux vous dire qu'il a fallu travailler dur pour être au point.

Mercredi des parents :

« Qui est-ce qui veut nous raconter ce qu'il a fait hier après l'école ?

– Moi j'ai été au parc tout seul et j'ai joué au football avec les copains.

– Kévin, tu n'as pas été dehors tout seul… Justement ta maman est avec nous ce matin, elle va nous dire la vérité, hein madame ?

– Si, il est sorti seul pour jouer dehors quelques heures, pourquoi ? »

Laisser un enfant de 5 ans jouer seul dehors… aucun problème.

*

C'est le dernier jour de la maîtresse Elsa avant son départ en congé maternité et toujours personne pour la remplacer. Les enfants sont perdus puisqu'ils doivent dire au revoir à leur maîtresse sans savoir ce qui les attend après. Les parents sont inquiets et l'équipe pédagogique doit improviser en attendant que l'académie se décide à trouver un remplaçant. Finalement après quelques jours, on m'annonce que c'est moi qui vais devoir reprendre ces élèves à mi-temps, en complément de ma classe (soit deux jours par semaine).

L'enseignante Elsa est partie avec tout son matériel personnel, la classe est totalement vide… Il faut fabriquer des nouveaux ateliers à un mois et demi de la fin de l'année scolaire. Il s'agit aussi d'une grande section de maternelle mais le niveau n'est pas du tout le même que dans ma classe. Cinq élèves ne connaissent toujours pas les jours de la semaine… Je comprends que je n'ai plus assez de temps pour les préparer correctement au CP, j'essaie au moins de réorganiser la classe, ne serait-ce qu'en installant des tables et des chaises trouvées dans une autre salle de l'école, pour les habituer à travailler autrement qu'allongés sur le sol, comme ils le faisaient avec l'ancienne maîtresse.

Je fais connaissance avec mes nouveaux élèves que je croise depuis plusieurs mois dans les couloirs de l'école. Ils sont beaucoup plus agités que ceux de ma classe. Je découvre le petit Mahamadou qui semble isolé, perdu dans son monde. Il a souvent le regard vide, joue beaucoup avec sa bave et parfois vrille, se met à crier et devient violent. Il y a Eya, grande diabétique qu'il faut contrôler plusieurs fois par jour et qui doit prendre des collations régulièrement pour maintenir son taux de glycémie à niveau. Cynthia, 5 ans et déjà un mètre cinquante-cinq, beaucoup trop responsabilisée pour son âge à cause de sa taille. Il y a aussi

Chiraz, la girly très chipie à surveiller de près, parce qu'elle meurt d'envie de couper ses longs cheveux dès qu'elle croise une paire de ciseaux depuis qu'elle a vu une petite fille le faire dans une vidéo sur YouTube. Daba, crâne rasé parce qu'elle a eu la teigne en début d'année, je savais même pas que les humains pouvaient l'attraper ! Quelques élèves non-francophones, plus difficiles à cerner, forcément… Jules qui a la coupe de Mireille Mathieu et se sent persécuté tout le temps, Esha, élève modèle toujours prête à venir en aide à ses camarades, Mohamed le coquin au regard bleu nuit, Jade qui vient seulement trois jours par mois parce qu'elle a peur des autres et que sa maman la couve beaucoup trop, Yassin qui n'a pas l'air de comprendre à quoi sert l'école, et bien d'autres personnalités que je vais apprendre à découvrir.

Fini les remplacements, je partage désormais mon temps entre ces deux classes de grande section de maternelle de la même école. Le spectacle de fin d'année approche et je dois du coup mettre au point deux numéros sur le thème des contes. Ce sera *Le Chat botté* d'un côté, *Le Petit Chaperon rouge* de l'autre. En avant pour les répétitions, la mise en scène et la confection des déguisements et des décors. Je récupère tous les cartons que je trouve pour fabriquer un carrosse grandeur nature, Pinterest devient mon meilleur ami pour créer en peu de temps des masques de lions, de chats, de souris, des couronnes de rois, des queues de loups, des capes de Petit Chaperon rouge, des arbres, des cailloux, des ciseaux géants… ça part dans tous les sens ! Je mets les mamans à contribution pour coudre des queues de chats avec du tissu et de la mousse achetés au marché, on fabrique des serre-têtes pour faire tenir les oreilles félines sur le crâne des enfants.

Un matin, Sanka offre à la classe deux escargots trouvés sur le chemin de l'école. Vu l'enthousiasme des enfants, je suis obligée de les adopter. Après un vote démocratique, les escargots sont nommés « Hulk » et « Loulou » (on n'est pas passé loin de Barbie et Spiderman !). On va pouvoir faire des expériences sur ces pauvres escargots en les nourrissant tous les jours avec des aliments piqués à la cantine et découvrir s'ils sont plutôt poulet, pâtes, carotte ou chocolat. Pauvres Hulk et Loulou, je sais.

C'est l'âge merveilleux où tout est curiosité. Chaque matin je reçois des fleurs cueillies sur le chemin, parfois de l'herbe arrachée, un emballage de chocolat soigneusement conservé, une coccinelle écrasée. Un jour, Fatima apporte carrément le hérisson qui se baladait dans son jardin ! On explore le monde et pour remplir le point du programme « reconnaître les différentes étapes de développement d'un végétal », mon binôme me demande de planter des bulbes de jacinthes avec les enfants. Première mission : trouver des bulbes bon marché en plein mois de février. Je passe commande sur internet chez un horticulteur qui se trouve à Amsterdam. Deuxième mission : trouver de la terre et des pots sans dépenser trop d'argent. Je demande aux élèves d'apporter des pots de yaourt vides (ça n'est qu'une fois plantés que je trouverai des pots en terre dans un placard de l'école).

Comme toujours, il faut avancer les frais dès qu'on fait un achat et demander le remboursement à la directrice sur présentation du justificatif.

Je prépare également une séance sur les différents états de l'eau et transforme les élèves en petits apprentis scientifiques. On essaye de capturer dans un sac plastique l'eau portée à ébullition avec la bouilloire des profs, « c'est la fabrique à nuages » ! L'eau liquide qu'on met au congélateur devient de la glace… magique !

« Comme tout ce qui est vivant, nous avons besoin d'eau pour vivre. Mais alors qu'est-ce qu'il se passerait si on habitait dans un endroit aussi froid que le congélateur ?

– Ça ferait des Mr Freeze ! (Zakaria, 6 ans.) »

*

Fin mai, à l'heure de la pause déjeuner, un intervenant extérieur vient nous présenter du matériel dernier cri : des robots en forme de coccinelle qu'on peut faire avancer sur un parcours, de case en case, grâce à une programmation accessible aux enfants de maternelle. Super intéressant, mais comme ça coûte 70 euros la coccinelle à la charge de l'école, ça revient finalement à agiter des bonbons sous le nez d'un enfant sans jamais lui en offrir. Comme disent souvent mes élèves : « Ça se fait même pas ! »

En ce moment c'est Ramadan, tout le monde marche au ralenti ! Les parents ont du mal à être à l'heure après des nuits souvent raccourcies par la nécessité de manger avant le lever du jour, et certaines de mes collègues musulmanes se forcent à faire la sieste pendant la pause déjeuner pour que les journées passent plus vite.

« Hulk et Loulou n'ont pas touché à la nourriture qu'on leur a donnée hier !

– C'est normal maîtresse, c'est Ramadan… (Lina, 6 ans.) »

Pour l'Aïd el-Fitr, jour de fête qui marque la fin du Ramadan, les mamans m'offrent plus de pâtisseries que je ne pourrais en manger, un régal.

*

Cela fait maintenant trois semaines que j'ai récupéré la deuxième classe le lundi et le mardi, mais toujours pas de remplaçant pour les autres jours de la semaine ! Face à la pression des parents et de la directrice de l'école, l'académie de Créteil à court de contractuels finit par demander du renfort ailleurs. Une jeune enseignante débarque d'un autre département. Comme moi, cette dernière hallucine de voir la classe vide de tout matériel et s'inquiète du très faible niveau des élèves, si près de la fin de l'année. Carole est maman d'une petite fille de 5 ans, elle connaît donc très exactement les capacités des enfants à cet âge, ce qui l'inquiète d'autant plus !

Cette enseignante qui met donc plus d'une heure pour venir en voiture jusqu'à l'école et qui n'est disponible qu'un mercredi sur deux, le jeudi et le vendredi va finalement recevoir l'affectation jusqu'au mois de juillet, puisque l'académie de Créteil est incapable de trouver un remplaçant dans le département qui soit libre les trois jours voulus.

La maîtresse Sana raconte que c'est partout pareil puisque, dans le 94 où elle vit, sa voisine lui a demandé si elle pouvait donner des cours particuliers à son fils, en CM1, qui n'a pas d'enseignant depuis… deux mois ! Pendant ce temps à Paris, une amie me raconte que sa fille a cours plus tard toute la semaine pour rattraper le retard pris à la suite de l'absence de l'enseignante.

Nouveau rebondissement pour la famille de Walid : la demande de logement social vient d'être rejetée. Cette famille syrienne n'est pas considérée comme « prioritaire ». Une famille avec trois enfants de moins de 10 ans, un père régulièrement hospitalisé à cause de graves problèmes de dos, une mère obligée de faire la manche pour subvenir aux besoins de sa famille et un sous-sol de maison pour seul logement, dont ils risquent d'être expulsés à tout moment... Je me demande à quoi ressemble une situation jugée prioritaire ?

J'ai la chance d'avoir une connaissance qui maîtrise parfaitement l'arabe syrien et accepte de venir à Bobigny pour assurer la traduction et m'aider à analyser la situation. À ma demande, le père de Walid apporte tous ses papiers. Dans le dossier des parents constitué par l'administration française pour obtenir le statut de réfugié, je découvre leur histoire : cette famille a décidé de quitter la Syrie dans la précipitation après des bombardements qui ont démoli peu à peu tout leur quartier dans la banlieue d'Alep. Ils ont alors pris la route avec l'aînée Wafa, jusqu'à Oman où un membre de la famille déjà exilé les attendait. C'est là que mon élève Walid est né. Quelques années plus tard, parce qu'ils n'arrivaient pas à trouver du travail, ils ont repris la route en direction de l'Espagne où ils ont eu leur dernier enfant. Puis ils sont arrivés en Île-de-France, où ils ont enfin posé leurs baluchons. La première année, l'administration française les a baladés dans trois villes différentes du 93, ce que l'aînée, Wafa, a mal vécu parce qu'elle a dû changer autant de fois d'école en très peu de temps.

La demande d'asile a été refusée car l'OFPRA (Office français de protection des réfugiés et apatrides) a estimé, au terme d'un entretien qui a duré quelques minutes, qu'il y avait certaines « incohérences temporelles » dans le récit de l'exil forcé de la famille. Faut-il préciser que les deux parents, à peine trentenaires, ont dû raconter en détail devant de parfaits inconnus leurs plus grands traumatismes ?

Sans ce statut de réfugié, aucune chance pour la famille (quinze personnes en comptant les oncles, les tantes, les neveux, la grand-mère, les parents et les trois enfants) d'obtenir un logement en urgence. Tous ont bien un titre de séjour… mais il ne permet même pas d'ouvrir une ligne téléphonique ou de souscrire un abonnement à internet. Alors trouver un travail légal, n'en parlons pas ! La logique est facile à comprendre : simple titre de séjour = de grandes difficultés pour trouver un travail déclaré = pas de fiche de paie ni de revenus fixes = pas de dossier recevable pour obtenir un logement = pas d'adresse = inexistence aux yeux de l'État français. Cercle vicieux.

Après une expédition à l'OFPRA à Fontenay-sous-Bois, dans le 94, et quelques courriers adressés ici et là (entre autres à l'association Coallia, structure d'accueil médico-social, d'insertion, d'accompagnement social et administratif), je comprends que cette famille est dans l'impasse, je ne peux malheureusement rien pour eux.

Je croise le directeur de l'école où est scolarisée Wafa, la sœur de Walid, et je l'informe de la situation.

« Est-ce que tu sais ce que je peux faire ?

– Toi t'es nouvelle dans la profession ! Ils ont de la chance de tomber sur toi, malheureusement si on en fait autant pour chaque famille, on s'en sort plus…

– Mais je peux pas les laisser seuls, déjà que c'est compliqué, l'administration, mais quand tu ne comprends pas le français…

– Je suis d'accord mais généralement on le fait une fois, quand on débute et qu'on a de l'énergie, et après on comprend qu'on a assez à faire avec l'enseignement.

– Dans ce cas précis, il n'y a pas un protocole établi par l'État à suivre ? C'est pas possible de laisser ces familles totalement démunies livrées à elles-mêmes…

– Je viens de découvrir qu'un élève de mon école vit dans une voiture… La misère est quotidienne mais ce n'est pas à nous d'intervenir. Il n'y a pas de protocole, on fait juste ce qu'on peut.

– Je peux pas croire que l'État ait autant abandonné tous ces enfants…

– Le représentant de l'État pour ces familles, c'est toi.

– Bah justement ! Qui me dit comment je dois agir ? »

Me voilà bien avancée.

Plus que quelques jours avant le spectacle de fin d'année, il faut s'activer pour que les enfants soient fiers de leur représentation le jour J, en salle des fêtes devant les parents ! Avec ma deuxième classe, je décide de mettre à profit ma formation de journaliste radio en enregistrant avec les enfants l'histoire du Petit Chaperon rouge. Quelques bruitages, un peu de musique et le tour est joué ! Il ne reste plus qu'à s'entraîner à mimer l'histoire sur la bande-son, l'éclate.

Le va-et-vient incessant entre légèreté et gravité rythme mon quotidien.

8

Alerte

Nous sommes au mois de juin, la fin de l'année scolaire approche. Les enfants sont presque aussi épuisés que les enseignants, les récréations, comme les beaux jours, rallongent. Je profite d'un instant calme pour lire avec mes élèves. J'adore leur raconter des histoires. Ils sont intrigués, captivés et j'aime découvrir à chaque nouvelle page ce que leur imagination débordante les pousse à inventer.

Soudain, j'entends le hurlement d'un homme au rez-de-chaussée de l'école (ma classe est au premier étage). Ce cri attire immédiatement mon attention pour la simple et bonne raison qu'il n'y a pas d'homme dans l'équipe pédagogique, et que les parents n'ont pas accès à l'école en dehors des horaires d'ouverture. Je vais discrètement tendre une oreille à l'extérieur de ma classe pour essayer de comprendre de quoi il s'agit :

« Ils veulent me tuer, ils veulent tuer ma femme, au secouuuuuuurs, ahhhhhh ! »

Je suis seule à l'étage avec les enfants, les autres classes sont descendues en récréation ou en cours de motricité. Je décide de confiner les élèves. Mieux vaut le faire inutilement que de prendre un risque, me dis-je.

Pendant que je demande aux enfants de se cacher dans un coin de la classe (le seul angle mort depuis l'extérieur) et de ne plus faire de bruit, en prétextant un nouveau jeu dont j'expliquerai les règles une fois que j'aurai obtenu le silence total, je commence à pousser les tables et les chaises pour barricader les issues. À ce moment, j'entends la maîtresse Hadja hurler à son tour :

« La police arrive ! »

Que se passe-t-il ? J'essaie de joindre les autres enseignantes par téléphone, la directrice, mais personne ne répond à mes appels.

Plongés dans le silence, les enfants entendent maintenant les hurlements incessants. Ils ont peur. Pour les rassurer, je raconte en chuchotant qu'un homme est entré dans l'école parce qu'il ne se sent pas bien. Il a mal très mal au ventre et il est venu demander de l'aide aux maîtresses parce que, c'est bien connu, les maîtresses savent soigner les bobos.

« Mais maîtresse, pourquoi on ne doit pas faire de bruit alors ? me questionnent les enfants pleins de bon sens.

– Parce que lorsqu'on a mal quelque part, on a besoin de silence. Il ne faut pas le déranger en attendant que les médecins arrivent pour s'occuper de lui. »

Les enfants semblent rassurés par ce mensonge improvisé. Après une dizaine de minutes qui me paraissent interminables, la maîtresse Charlotte finit par me rappeler en panique :

« Il faut que tu confines les enfants, alerte maximum ! Un fou dangereux est entré dans l'école, j'essaie de trouver de l'aide. La police arrive ! »

Elle raccroche. Je lève les yeux. Je suis face à une vingtaine d'enfants de 5-6 ans qui n'ont pas la moindre idée de ce qu'il se passe. Je suis tétanisée mais dois me ressaisir, ne rien laisser paraître, je dois les protéger. Je décide de poursuivre en chuchotant la lecture du livre que nous avions commencé. Tous mes sens sont en alerte : je « psychote » sur le moindre bruit. Après les attentats survenus en France ces dernières années, d'atroces images me viennent à l'esprit. Je me positionne devant les enfants, prête à voir débarquer un homme armé à tout instant. Au bout d'une vingtaine de minutes insoutenables, soudain, plus de cris. La directrice me rappelle enfin. Elle est avec la police à l'extérieur de l'école, je peux redescendre. Je laisse les enfants dans la cour de récréation et je m'effondre, en larmes, avec les autres enseignantes. Nous sommes toutes sous le choc.

J'apprends ce qui s'est passé. Un déséquilibré est entré dans l'école, a priori par la porte principale qui ne ferme plus. Il a longé les couloirs, recroquevillé comme un voleur, avant de bondir dans une classe et de sauter sur les enfants pour les agripper. Mes collègues ont chacune réagi comme elles ont pu : l'une s'est à moitié évanouie, l'autre a tenté de maîtriser l'homme en le sortant de la classe. L'individu, parfaitement incohérent, a commencé à fouiller dans les affaires des élèves accrochées aux portemanteaux avant de se mettre à chercher dans sa propre veste de manière frénétique et à jeter des objets au sol : son portefeuille, sa carte d'identité, des papiers…

Il a fini par se jeter lui-même au sol en hurlant.

C'est à ce moment que les policiers, en tenues de commando et armes à la main, ont surgi pour le maîtriser et l'évacuer… Il semblerait que l'homme, en pleine crise de paranoïa, soit déjà connu des forces de l'ordre pour violences conjugales. Papa d'un petit garçon et habitant du quartier, il pensait se trouver dans l'école de son fils.

Trois psychologues de la cellule de crise, dépêchés par l'Éducation nationale, s'agitent désormais dans l'école. On nous propose de les voir individuellement… avant de remonter dans nos classes avec nos élèves, comme si de rien n'était. Choquée, je demande à voir l'un d'entre eux. L'entretien sera tout aussi surréaliste que l'événement a pu être traumatisant. Je décris les images atroces qui me sont passées par la tête et le scénario invraisemblable que j'ai raconté aux enfants. Je souhaite être rassurée, j'ai besoin d'entendre que j'ai bien agi, que mon mensonge tient la route, que les enfants n'ont pas perçu la gravité de la situation. Je redoute désormais qu'ils soient confrontés aux versions forcément différentes des autres enseignantes. Et puis, il y a les parents qui vont légitimement poser des questions. Que dire pour ne pas être alarmiste sans pour autant minimiser la situation ?

« Ne vous inquiétez pas, nous allons vite réfléchir à une stratégie de communication. Pour l'instant vous redirigez les parents vers la directrice », me répond la psy.

Une stratégie de communication… Voilà le rôle de la cellule de crise : élaborer une stratégie pour ne pas faire de bruit, pour éviter le scandale. Je remonte dans ma classe tremblante. Comme mes collègues, je suis incapable de faire cours de la journée. Après des heures de discussions auxquelles nous ne sommes pas conviées, on nous demande de distribuer un mot d'explication à la sortie.

Chers parents,
Une personne extérieure à l'école est entrée dans l'école ce matin sans être autorisée et sans intention de nuire aux enfants. La directrice de l'école a contacté immédiatement la police et a mis en sécurité les enfants. La police a pris en charge l'individu. Une cellule d'écoute a été mise en place pour les enfants et sera maintenue autant que de besoin. Vos enfants sont restés calmes et ont été rassurés. Il vous appartient de rester vigilants (appétit, sommeil…) et de signaler à l'école

une quelconque inquiétude. La directrice et l'inspectrice de circonscription sont à votre disposition pour des renseignements complémentaires.

Tout ceci me met extrêmement mal à l'aise, mais cette fois j'ai bien saisi le message : les petits pions du système comme moi n'ont pas le droit d'exprimer leurs états d'âme.

Dans la soirée, je reçois un texto de ma directrice : « Article dans la presse. Demain attendez-vous à la venue du maire et autre journaliste. Vous ne pouvez pas vous exprimer auprès d'un journaliste sans l'accord du Dasen (directeur académique des services de l'Éducation nationale). Petit rappel, donc chut… si demain on vous pose des questions, renvoyez les parents vers moi ou l'inspectrice. Bonne nuit. » (*sic*)

Paradoxe de cette nouvelle vie professionnelle : je dois éviter – voire redouter – la présence des journalistes. Plus les heures passent, plus je prends la mesure du traumatisme subi et plus je suis en colère.

Plusieurs éléments de l'article m'agacent énormément : il y est dit que la gardienne était en arrêt maladie. « Cet homme […] est entré par la porte principale qui fonctionne avec une sécurité électromagnétique. Mais celle-ci était restée ouverte, la gardienne était en arrêt maladie ce lundi, ce qui pourrait expliquer que la porte ait été mal refermée. » La responsabilité retombe donc officiellement sur cette pauvre gardienne, en charge des deux entrées (maternelle et élémentaire) impossibles à surveiller en même temps. Alors que l'intrusion a eu lieu sur son temps de pause habituel et que sa présence n'aurait rien changé puisque la porte principale de l'école ne fermait plus. Des demandes de réparation avaient été déposées à maintes reprises (la première date de novembre 2016) auprès de la mairie, responsable des infrastructures des écoles publiques… sans qu'il y ait jamais eu de suite. Cette même mairie qui, rappelons-le, organise des exercices de PPMS pour répondre aux attentes de l'État qui maintient la vigilance attentat. À la suite de l'article, des parents viendront exprimer leur mécontentement à la gardienne qui finira par craquer, alors qu'elle n'y est pour rien !

Deuxième élément de l'article sur lequel il est très important de revenir : « Un mot a été distribué dans la journée par les directions pour rassurer les familles, rappelant que l'homme "n'avait pas d'intention de nuire aux enfants" et le respect des règles de mise en sécurité des élèves. » Parlons-en, justement, des règles de mise en sécurité. Le plan PPMS n'a jamais été déclenché, puisque parfaitement inadapté à la situation. De toute façon, Séverine, la directrice de l'école maternelle – responsable syndicale au SE-UNSA 93, à mi-temps –, n'était pas là. Impossible, donc, de nous avertir du danger à l'aide du mégaphone comme le stipule le protocole. Et soyons réalistes : aurait-elle vraiment pris le temps de déambuler dans les couloirs au lieu de tenter de maîtriser l'individu et de mettre les enfants en sécurité ? Il existe bien un autre signal sonore pour prévenir d'un événement anormal, l'alarme incendie. Mais elle indique qu'il faut sortir des classes et rassembler les enfants dans la cour de récréation. Tout l'inverse du confinement. À noter au passage que s'il avait fallu évacuer les enfants hors de l'établissement, la seule issue de secours proche des classes au rez-de-chaussée était un portail cadenassé dont la clé est portée disparue depuis belle lurette, et que la mairie refuse de venir remplacer. Enfin, élément le plus ahurissant de toute cette histoire, le numéro de téléphone d'urgence de l'Éducation nationale, mis à disposition pour toutes les situations exceptionnelles… était sur répondeur ! La directrice de l'école élémentaire voisine venue nous aider à canaliser le déséquilibré n'a pas eu d'autre choix que de laisser un message :

« Un fou menaçant est dans l'école, merci de bien vouloir me recontacter dès que possible ! »

Je donnerais cher pour écouter ce message.

Le lendemain matin, les parents très inquiets posent évidemment des questions auxquelles chaque enseignante répond… qu'elle ne peut rien répondre. Certains ont vu la dizaine de voitures de police encercler l'école à toute vitesse, puis les flics armés en tenues de commando entrer dans l'établissement. Je me mets à la place des parents.

La cellule de crise est toujours présente… enfermée en salle des maîtres pour bosser « la stratégie de communication ». On ne nous reçoit pas, ne nous parle pas, on ne nous invite pas à raconter ce que, chacune, nous avons vécu et ressenti. Exutoire pourtant indispensable qui nous manquera cruellement les semaines suivantes.

Pas un psychologue ne prend l'initiative de venir dans les classes pour donner une version « officielle » rassurante aux enfants, qui ont, comme on pouvait le craindre, entendu plusieurs scénarios très différents et plus ou moins anxiogènes.

L'intrusion a déclenché le confinement dans toutes les écoles du quartier. Près de sept cents enfants sont concernés. Parmi eux, les grands frères et sœurs de nos élèves qui ont entendu qu'un fou était entré dans l'école maternelle. Le lendemain matin, certaines mamans rapportent que leurs enfants ont fait des cauchemars, voire pipi au lit. Les parents, sous le choc, ne comprennent toujours pas ce qu'il s'est passé.

Pour « rassurer la population », le maire de Bobigny décide d'envoyer des policiers armés accueillir parents et enfants dans le hall de l'école les jours suivants. Tomber nez à nez avec des armes lorsqu'on franchit le seuil de son école, quoi de plus naturel et sécurisant pour des enfants de 3 à 6 ans ? Du coup, je passe la matinée à répondre tant bien que mal aux nombreuses questions de mes élèves.

« Pourquoi il y a la police dans l'école si le monsieur avait juste mal au ventre hier ?

– Mon copain dit que le monsieur avait perdu son chemin mais comme on le connaissait pas c'est pour ça qu'on s'est caché, parce qu'on parle pas aux inconnus.

– Maîtresse, mon frère il dit que le monsieur était fou, c'est vrai ? »

Tant de questions auxquelles je tente de répondre, m'enfonçant chaque fois un peu plus dans de nouveaux mensonges. Ma crédibilité en prend un sacré coup.

Malgré ma demande de passage dans les classes, la cellule de crise reste confinée en salle des maîtres. Sa priorité n'est visiblement pas de rassurer les élèves inquiets et pleins d'interrogations.

L'intrusion force toutefois le maire de Bobigny à venir en visite dans l'école. Le lendemain, je suis en pleine séance de motricité dans le préau quand son assistante interrompt mon cours pour me prévenir à voix basse : « Monsieur le maire arrive. » Comprendre « Tenez-vous prête ». Je suis censée mettre une robe de soirée et demander à mes élèves de 5 ans de chanter *La Marseillaise* pour l'accueillir ? Je rêve.

Une poignée de main dynamique, un sourire forcé de campagne accompagné d'un « Vous allez bien ? » qui n'attend aucune réponse, puis le spectacle commence. Le maire, très concerné, souhaite retracer le chemin supposé de l'individu. Il en arrive au constat que ce dernier est très probablement entré par la porte principale (même s'il a tout aussi bien pu enjamber la grille de la cour qui donne sur la rue, tout simplement...). Puis, armé d'un tournevis et de son plus beau costume, monsieur le maire tente de réparer lui-même la porte d'entrée. Une scène grotesque dont l'inévitable issue sera l'intervention d'un serrurier professionnel.

Monsieur le maire, Stéphane de Paoli, ne prendra même pas la peine d'échanger un mot avec l'équipe pédagogique ou de la saluer. S'il m'a serré la main, c'est uniquement parce que j'étais sur son chemin à son arrivée. Mes collègues apprendront sa venue après coup. Pourtant un simple « Merci pour votre courage et merci d'avoir su protéger les enfants de la commune » aurait suffi... Était-ce vraiment trop demander ?

« Ne faites pas à vos élèves ce que vous n'aimeriez pas que l'on fasse à votre enfant » : cette recommandation pleine de sagesse de la DSDEN me revient d'un seul coup en mémoire. Pourquoi ne pas aussi appliquer le tout aussi louable et beaucoup plus positif « Faites pour vos élèves ce que vous aimeriez que l'on fasse pour votre propre enfant » ?

Si mon enfant avait vécu pareille intrusion, j'aurais voulu savoir s'il avait été agrippé par le déséquilibré, ce qu'il avait pu entendre (quels cris, quels mots violents ou incohérents), à quoi il avait assisté (était-il là lorsque les policiers armés ont menotté l'homme ?). Si l'intrusion avait eu lieu ailleurs que dans le 93, dans une école maternelle de Paris par exemple, où les parents exercent des métiers de pouvoir et d'influence, le retentissement aurait sans doute été tout autre...

Les jours suivants, l'équipe pédagogique, très ébranlée par l'événement, se délite.

Certaines ATSEM présentes lors de l'intrusion – prêtes à en découdre avec le déséquilibré, armées de balais – n'ont pas du tout bénéficié de la cellule de crise de l'Éducation nationale (elles sont employées par la mairie qui n'a même pas pris la peine de leur demander comment elles allaient). La maîtresse Lucile, qui s'est presque évanouie, affiche un sourire forcé mais elle craque régulièrement. La maîtresse Hadja, qui a sorti l'individu de sa classe et entrepris de le raisonner, est totalement sonnée. Non seulement elle a le dos bloqué parce qu'elle a barricadé la porte en soulevant des tables et des chaises bien trop lourdes pour elle, mais elle est aussi déçue et amère que personne ne s'intéresse à la façon dont elle a réagi en situation d'urgence.

« Il faisait que des trucs totalement imprévisibles, ça n'avait aucun sens. Quand je l'ai vu fouiller dans ses poches, je me suis dit qu'il allait sortir une arme… Il a balancé un truc par terre, mon cœur a fait un bond, j'ai cru que ça allait exploser ! C'est là que j'ai compris que c'était ses affaires et qu'il n'était pas dangereux mais juste complètement fou. Il fouillait dans les manteaux des enfants pour y planquer ses propres affaires… »

C'est quand même Hadja qui a eu les meilleurs réflexes pour canaliser l'homme. C'est elle qui a pris la peine d'appeler la maîtresse Charlotte pour qu'elle mette les autres enseignantes au courant de la situation tout en tenant tête à l'individu en plein délire.

Il n'y a personne non plus pour s'intéresser à ce que j'ai vécu, seule au premier étage avec mes enfants, pendant vingt minutes interminables d'attente… Il faudra plusieurs semaines à mes collègues pour se mettre à ma place et réaliser à quel point ça a pu être traumatisant, même si je n'ai pas été confrontée directement au forcené.

La directrice, elle, s'en veut de ne pas avoir été présente lors de l'incident. Au lieu de l'assumer, elle minimise les faits et s'agace. « Depuis ce matin, on ne cesse de me dire "Tu aurais pu faire ça, tu aurais dû faire ci, tu devrais faire ça…" Désolée, je sature », nous confiera-t-elle par texto.

Le droit de retrait, disposition qui permet à un agent de la fonction publique de quitter son poste s'il « a un motif raisonnable de penser qu'il se trouve exposé à un danger grave et imminent pour sa santé ou s'il constate une défectuosité dans les systèmes de protection », ne sera même pas évoqué le jour de l'intrusion. Ni l'inspectrice adjointe de l'académie, ni la cellule de crise ne nous proposeront de rentrer chez nous après le traumatisme subi. Imaginez… Il aurait fallu renvoyer les enfants chez eux, affronter les parents en demande d'explications sans avoir eu le temps de préparer un discours de crise… Que pèsent des enseignants en état de choc face à ces impératifs ? Se soucier d'eux n'est pas une priorité.

Quelques jours plus tard, un représentant de la mairie répond à l'appel des parents d'élèves pour organiser un conseil extraordinaire, avec l'équipe pédagogique.

« Pourquoi la porte d'entrée ne ferme-t-elle pas alors que les demandes de réparation sont faites depuis plus d'un an ?

– Et s'il avait fallu évacuer les enfants par la sortie de secours bloquée par un cadenas sans clé… ?

– On peut observer la cour de récréation de l'école depuis la rue parce que la grille est trop basse, certains parents ont rapporté que des inconnus observaient leurs enfants, leur parlaient, voire les prenaient en photo… Nous avons fait de nombreuses demandes pour que les grilles soient surélevées. Est-ce que vous avez avancé sur cette requête ?

– Tous les matins, nous constatons qu'il y a des déchets, des poubelles, des canettes de bière, des mégots dans la cour de récréation puisque des individus enjambent la grille et squattent la cour le soir, est-ce que vous trouvez cela normal ? »

Le représentant de la ville de Bobigny (monsieur le maire n'a pas pris la peine de se déplacer en personne pour faire face à l'indignation des parents d'élèves) n'a aucune réponse à apporter, aucune solution à proposer. Tout au plus reconnaît-il avoir lui-même eu peur pour son fils lorsqu'il a appris la présence d'un déséquilibré dans un établissement scolaire de Bobigny.

« En tant que père de famille, je partage votre colère et votre inquiétude… »

Je découvre lors de cette assemblée que les parents d'élèves ont également reçu un courrier de la mairie après l'intrusion. Comme celui que nous avons dû distribuer, il revient sur les faits et les minimise. Sauf que, dès les premières lignes, ce document solennel affiche une grosse coquille : il situe l'intrusion dans une autre école du quartier. Je me retiens pour ne pas rire.

Deux jours plus tard, l'équipe toujours fébrile déjeune en salle des maîtres. Comme d'habitude, je profite de la pause pour préparer tranquillement les activités de l'après-midi quand l'alarme incendie retentit ! Mon cœur bondit. Que peut-il encore bien se passer ? Je file pour récupérer mes élèves en cour de récréation.

Heureusement, j'ai encore en mémoire les exercices qu'on nous faisait faire à l'école quand j'étais petite. Finalement, je n'ai que ces souvenirs pour formation.

Ça y est, j'ai retrouvé mes élèves. Je vérifie dans le cahier d'appel qu'il ne manque personne.

Un quart d'heure passe. Chaque enseignante gère sa classe comme elle le peut, nous sommes dans l'ignorance de ce qui se joue. C'est alors que la directrice nous informe… que nous pouvons remonter en classe. C'était un simple exercice. Je suis perturbée et furieuse. Si peu de temps après l'intrusion, l'alarme a ravivé des angoisses encore bien trop fortes chez les enfants et les enseignants.

La maîtresse Bérénice est toujours absente, on nous envoie du renfort pour prendre en charge sa petite section. Arrive l'heure de la sieste. La directrice décide de ne pas confier la surveillance au maître qui assure le remplacement :

« J'ai assez de problèmes à gérer, si les parents apprennent qu'un homme a surveillé la sieste, ça va faire encore plus d'histoires. J'ai pas de temps à perdre pour ça. Vous échangez, il prend ta place et tu surveilles la sieste », ordonne-t-elle à la maîtresse Lucile.

Quelques jours plus tard, j'apprends finalement qu'il ne s'agissait pas d'un exercice incendie. Une prise électrique a bel et bien pris feu dans les cuisines de la cantine de l'école élémentaire accolée à la nôtre. Les pompiers sont venus éteindre l'incendie et personne n'a jugé bon de nous en informer.

9

Maltraitance

Au-delà de l'environnement délabré, triste et sombre qu'on retrouve dans de nombreuses cités, c'est la misère sociale qui devient vite difficile à supporter. Surtout lorsqu'elle touche les enfants. Les équipes pédagogiques doivent y faire face quotidiennement.

La période 5 est longue, elle s'étend du 30 avril au 7 juillet. Les récents événements pèsent sur le moral des troupes et je dois en plus prendre en main ma nouvelle classe, en retard dans le programme. Néanmoins, je démarre tous les jours par une discussion avec les enfants pour savoir comment ils vont. J'y tiens. Mélissa me raconte à plusieurs reprises qu'elle est très fatiguée parce qu'elle ne dort pas à cause des cris de sa sœur. Ses parents la réveillent toutes les nuits pour « faire de la musique ». Je décide de m'entretenir avec elle à l'écart des autres enfants pour en savoir plus :

« Pourquoi est-ce que tes parents réveillent ta sœur la nuit ?

– Parce qu'elle dort comme un cochon.

– Qu'est-ce que ça veut dire ? Elle ronfle et ça les dérange ?

– Oui, ça met maman en colère, alors elle la réveille et puis après ils font de la musique et ma sœur crie.

– Tes parents sont musiciens ? Pourquoi est-ce qu'elle crie ? Est-ce que tes parents aussi crient ?

– Elle arrive pas à faire de la musique je pense, alors papa tape et elle crie. Papa et maman crient aussi souvent. »

Inquiète, je décide de faire part de ces confidences à une collègue. Elle parle avec Mélissa à son tour et obtient les mêmes réponses. J'alerte alors la directrice de l'école, qui convoque la psychologue scolaire. Elle passe un long moment en tête-à-tête avec Mélissa. Lorsqu'elle sort, elle semble bouleversée et se laisse aller à des confidences. Mélissa n'a jamais vu ses parents jouer d'un quelconque instrument de musique. Ce qu'elle entend, c'est la musique qui sert à couvrir les cris de sa sœur. Lorsque la psychologue lui a demandé si sa sœur dormait avec elle, elle a eu une réponse inquiétante :

« Ma sœur, elle a une chambre secrète à côté de la chambre de papa, mais j'ai pas le droit d'y aller. C'est interdit.

– Est-ce que tu demandes à papa et maman ce qu'ils font la nuit avec ta sœur ? Pourquoi est-ce qu'elle crie ?

– Maman dit que c'est mal, ce qu'ils lui font. Papa et maman disent tout le temps qu'ils vont arrêter bientôt, mais ils mentent parce que ça s'arrête jamais. »

La psychologue soupçonne des violences physiques, voire sexuelles. Elle a l'intention de faire un signalement directement auprès du juge (dispositif d'urgence) et demande à s'entretenir avec la grande sœur.

La petite fille, en classe de CE2, est très discrète, voire carrément effacée selon ma collègue Hadja, qui l'a eue en maternelle. Elle décrit une enfant mystérieuse et se remémore des propos incohérents lorsque la petite fille évoquait ses parents.

Interrogée par la psychologue, la sœur de Mélissa donne une tout autre version des faits : « Je dors avec ma mère et ma petite sœur dort avec mon père. » Les cris qui empêchent sa sœur de dormir ? Il s'agirait des cris du bébé d'un voisin. Impossible d'en savoir plus.

Comme la psychologue a annoncé un signalement d'urgence, la directrice Séverine me prévient : « Les policiers, contactés par les services sociaux, vont certainement venir chercher ton élève dans la journée. » J'ai le cœur déchiré. Je prends brutalement conscience que je viens d'enclencher une procédure qui va certainement séparer une petite fille de ses parents.

Pendant la pause déjeuner, la directrice me lance d'un ton étonnamment dégagé :

« Tu sais que tu t'attaques à un père de famille qu'on soupçonne d'être dangereux ?

– Euh non, je savais pas… et ?

– Tu es sûre de vouloir faire ce signalement ?

– Si ces enfants subissent des violences, oui, je suis certaine de vouloir faire ce signalement. Peu importe dans quoi trempe le père. »

Tout l'après-midi, je redoute la venue des policiers. Mélissa, d'ordinaire joyeuse, est très perturbée. Elle se met en boule dans un coin de la classe et refuse de parler, elle est triste. Elle commence à prendre conscience que ce qu'elle vit n'est pas « normal ». À cause de ses confidences, ses parents risquent d'avoir des problèmes. Le temps passe et toujours pas de police. Arrive l'heure de la garderie, je demande à ma directrice si elle a du nouveau.

« J'ai oublié de te prévenir, comme la sœur n'a pas confirmé les faits, la psychologue va tenter de rencontrer les parents mais on en reste là. »

Certes, je ne suis pas psychologue, seulement une enseignante sans formation. Mais j'en suis certaine : Mélissa vit l'inacceptable. S'il n'y avait rien à cacher, pourquoi les versions des sœurs seraient-elles si différentes ? Comment Mélissa aurait-elle inventé autant de détails ? Et cette histoire de musique… En enterrant les poursuites, nous enterrons aussi notre intime conviction et renonçons à notre devoir d'adultes censés protéger les enfants.

Dans la semaine, la mère de Mélissa se pointe en furie dans ma classe et me demande de manière agressive et dans un français très approximatif :

« Problème Mélissa ?

– Oui, votre fille est très fatiguée madame, tellement fatiguée que je lui ai permis d'aller faire la sieste hier avec les tout-petits. »

Cette mère agrippe sa fille devant moi.

« Madame, le problème ça n'est pas que Mélissa fasse la sieste, le problème c'est qu'elle ne puisse pas dormir la nuit. Un enfant a besoin de repos… »

Elle me fusille du regard et part sans dire un mot. Ses enfants ont dû lui rapporter qu'une dame était venue les questionner sur ce qu'il se passe la nuit à la maison et elle a certainement trouvé le message laissé sur le répondeur du domicile. Les semaines défileront et les parents ne rappelleront jamais la psychologue. Affaire classée.

Je me confie de plus en plus à ma collègue Hadja à qui je raconte cette histoire.

« Il y a quelques années, une collègue qui travaillait dans l'école a signalé un enfant qui avait des marques de brûlures de cigarettes sur le corps. La mère de l'enfant a débarqué dans la classe pour la frapper. Après ça, elle craignait de se faire cueillir devant l'école.

– Comment est-ce qu'ils ont su que c'était la maîtresse qui avait fait le signalement ? Je croyais que c'était confidentiel…

– C'est censé l'être, mais en réalité si les enfants ne font qu'aller à l'école tu peux déjà considérer que ça vient probablement de l'enseignant.

– Mais comment elle a fait la maîtresse ? Ça devait être horrible !

– Elle était terrorisée, elle a terminé l'année scolaire la peur au ventre, escortée par son mari matin et soir, avant d'obtenir sa mutation. »

Mais on est où, là ?

*

La fin de l'année approche, plus rien ne semble avoir d'importance. Nous sommes seulement trois enseignantes présentes, contre sept habituellement. Aucune ne sera remplacée. Les effectifs dans les classes rendent n'importe quelle activité impossible à réaliser, alors on joue. J'invente le « zapping télé » : on s'assoit en ligne et on fait semblant de fixer un poste, en inventant chacun notre tour ce qu'on voit à la télévision imaginaire. Et hop, j'ai réussi à détourner l'attention de ceux qui réclamaient un dessin animé.

Les jours suivants, la « grande » Cynthia, 6 ans, ne vient plus à l'école pour garder sa petite sœur âgée d'à peine quelques mois. Mais qui la garde, elle ? Personne. Daba ne vient plus non plus pendant deux semaines consécutives. Lorsque j'appelle chez elle pour connaître la raison de son absence, sa mère m'explique que Daba s'est brûlé le bras avec du café bouillant… Le jour où elle revient en classe avec un immense pansement sur tout le bras, elle sent très fort le vomi. Ses habits sont comme toujours très abîmés, voire carrément troués, sales et trop grands pour elle.

« Daba, pourquoi tu sens le vomi, est-ce que tu te sens bien ? Tu es malade ?

– C'est parce que j'ai vomi cette nuit maîtresse…

– Mais tu l'as dit à quelqu'un pour qu'on s'occupe de toi ?

– Oui maîtresse, j'ai réveillé maman.

– Et tu as pris une douche ? Elle t'a changée ?

– Non…

– Mais tu as dormi avec les vêtements que tu portes aujourd'hui ?

– Oui. »

L'école récupère chaque année de nombreux vêtements perdus, non réclamés. J'en profite pour mettre régulièrement à Daba des habits propres, à sa taille et adaptés à la météo (certains jours d'été, elle arrive en col roulé sans rien en dessous). À l'heure où les petites filles se prennent pour de jolies princesses, Daba, qui vient d'avoir 6 ans, tente honteusement de dissimuler comme elle peut les trous et les taches de ses misérables vêtements.

Au cours de la même période, la maman de Juan me prévient :

« Il s'est brûlé la peau, on lui a mis un gros pansement. Est-ce que vous pouvez veiller à ce qu'il ne l'enlève pas ? Il ne faut surtout pas y toucher. Toboggan interdit. »

Le pansement recouvre une partie du dos, Juan me dit à plusieurs reprises qu'il a mal. Je lui demande comment il s'est blessé :

« Papa me faisait voler comme Superman mais il m'a lancé trop fort sur la moquette et ça m'a brûlé le dos. »

Pendant une récréation, Juan arrive vers moi en larmes. Un petit camarade a voulu le retenir en l'agrippant par le tee-shirt et a arraché le pansement. Je découvre le dos de Juan complètement brûlé, à vif. Non seulement c'est rouge sang mais ça suinte, ce qui n'est jamais bon signe. Juan souffre beaucoup, j'appelle sa mère pour lui expliquer la situation et lui demander de venir chercher son fils pour l'emmener chez le docteur. Elle arrive au bout d'une heure, gênée. Elle sait parfaitement que la blessure n'est pas belle à voir.

« J'allais l'emmener chez le docteur, j'attendais juste d'être payée… »

Je ne sais plus quoi dire.

10

Rien ne va plus

Comme chaque matin à la même heure, l'appareil qui est collé à la peau d'Eya et veille sur son taux de glycémie sonne : il est temps de prendre une collation. Eya est habituée, elle sait parfaitement ce qu'elle doit faire et est suffisamment à l'écoute de son corps pour reconnaître les premiers signes de faiblesse. Comme tous les jours, elle se dirige vers mon bureau où on stocke ses petits beurres et ses briques de jus sucrés.

« Maîtresse, je trouve pas mes gâteaux ! »

Je retourne la classe, les gâteaux ont disparu… Il faut envoyer quelqu'un en acheter au supermarché en urgence. Lorsqu'on demande à la femme de ménage passée la veille si elle sait où sont les gâteaux, elle répond qu'il n'en restait plus et qu'elle a jeté l'emballage. Ce qui est faux puisque la maman d'Eya laisse toujours un paquet d'avance en classe. Du reste, je me souviens parfaitement que le paquet était presque plein. Si on ne peut même plus laisser les gâteaux d'une enfant diabétique dans une classe d'école !

Je comprends mieux pourquoi, depuis le début de l'année, mes collègues me recommandent de ne jamais laisser mes affaires personnelles sans surveillance dans ma classe. Ça me semble invraisemblable de vivre dans un tel climat de méfiance et de suspicion…

Beaucoup de mamans ne travaillent pas, elles sont disponibles pour venir chercher leurs enfants à la pause déjeuner et à 16 heures. Mais cela n'empêche pas un certain nombre d'entre elles d'arriver systématiquement en retard, malgré un rappel régulier des horaires à respecter. Après une longue journée de travail, devoir attendre vingt à trente minutes toujours les mêmes mamans qui finissent par arriver la bouche en cœur, sans s'excuser, le caddie rempli des provisions du marché (la cause du retard !), a le don de nous mettre les nerfs en pelote.

En cette fin d'année, la maîtresse Lucile, d'ordinaire calme et arrangeante, se fâche contre une maman qui abuse de la gentillesse et de la patience des enseignantes depuis la rentrée de septembre. Elle se met à hurler, rouge colère, sur cette mère qui ne comprend pas un mot de français et qui, de toute façon, n'en a rien à faire. J'ai l'impression de vivre cette scène du film *Nos Jours heureux* où l'animatrice de colonie de vacances pète un câble et se met à insulter un enfant. Sauf qu'ici, c'est la maman qui prend. Il faut que cette année scolaire se termine et vite !

*

C'est la mode des pulls avec de grosses perles cousues dessus, une idée formidable.

Nana marche vers sa maîtresse avec l'expression d'une bêtise prête à être confessée :

« Joyce m'a mis une perle dans l'oreille. »

On regarde l'intérieur de l'oreille de Nana, RAS.

« Tu es sûre que la perle est dans ton oreille ?

– Oui, Joyce a mis son doigt pour l'enfoncer. »

On pointe la lampe torche de nos smartphones dans l'oreille de Nana, pour finir par apercevoir une magnifique et scintillante perle blanche, totalement inaccessible. Il faut appeler les parents de Nana… et les pompiers.

Pendant ce temps-là, Hamady se coupe la main avec une canette de bière qui traînait dans un coin de la cour de récréation. Je fais un rapport, même si j'ai perdu tout espoir d'un changement possible.

*

C'est la semaine du spectacle. Nous avons dû le réorganiser en raison de l'intrusion : la directrice a décidé de ne pas réunir toutes les classes dans la salle des fêtes. Question de sécurité (laissez-moi rire). Il a donc fallu étaler l'événement sur plusieurs jours.

La psychologue que j'avais convoquée pour un élève qui ne « percute » pas et n'apprend rien débarque sans prévenir pendant les répétitions, un jour où, bien évidemment, l'enfant est absent. J'en profite pour lui demander de voir Louise et Lina, deux petites filles de ma classe dont les mamans m'ont confié qu'elles refaisaient pipi au lit depuis l'irruption du forcené dans l'école. Après cinq minutes à peine d'entretien, la psychologue m'annonce :

« Elles vont très bien ces petites filles, pas du tout traumatisées. »

En avant toute pour le déni !

J'enchaîne deux jours de spectacle, un pour chacune de mes classes. Des heures supplémentaires pas rémunérées… Les enfants sont surexcités à l'idée de donner une représentation devant leurs parents. Ça a été très laborieux de répéter les quelques phrases de leur texte dans le bon ordre, au bon moment, avec les gestes correspondants.

Branle-bas de combat pour enfiler les déguisements, se maquiller, se coiffer, faire tenir les fragiles accessoires fabriqués en classe… Pendant ce temps-là, les familles s'installent sous le préau pour attendre le début de la représentation. Les enfants sont enchantés, les spectacles se déroulent dans la joie et la bonne humeur devant des parents émus, munis de leur téléphone portable pour immortaliser ce moment heureux.

Si la plupart d'entre eux nous félicitent et nous remercient pour le spectacle, certains pères n'apprécient pas du tout que je me sois permis d'attribuer à leur fils des rôles de… filles. Je n'y peux rien s'il n'y a pratiquement que des rôles féminins dans le Petit Chaperon rouge ! Ça m'amuse beaucoup.

Personne n'est venu voir la petite Daba, qui atterrit à la garderie après le spectacle.

Comme la traditionnelle « grande » fête de fin d'année a été annulée, nous n'avons pas organisé le loto, ni la kermesse ou encore la vente de gâteaux qui permettent à l'école de récolter les fonds pour offrir quelques libertés aux élèves l'année suivante. Nous avons une autre idée : un mois et demi avant les grandes vacances, nous organisons à tour de rôle des ventes de gâteaux et de crêpes à la sortie de l'école. On se relaye pour vendre les parts des gâteaux cuisinés chez nous ou en classe contre 1 ou 2 euros. On remplit comme on peut les caisses de l'école !

Pour la deuxième année consécutive, la directrice a obtenu des séances d'initiation au rugby avec des intervenants extérieurs pour deux classes de grande section. Les enfants sont fous de joie ! Pendant un mois, une fois par semaine, deux joueurs professionnels de l'équipe de Bobigny les entraînent à faire des passes.

Les joueurs n'ont pas forcément l'habitude d'avoir des élèves aussi petits, alors parfois il faut recadrer les consignes :

« Chaque cerceau vaut quinze points, les plots rouges valent vingt points, il faut tout ramasser le plus vite possible et à la fin on compte quelle équipe a le plus de points, d'accord ? »

Bah en fait non… parce qu'ils ne savent pas additionner de si grands nombres !

À l'école, on s'estime super chanceux d'avoir droit à ces séances de rugby. De vrais privilégiés ! Avec du recul je réalise que ce n'est pas vraiment un privilège, ça devrait juste être normal d'avoir des intervenants extérieurs qui proposent des initiations aux enfants.

Eya échange parfois quelques mots en arabe avec ses copains. Je lui demande quelle langue elle parle à la maison :

« Je parle arabe maîtresse, t'as bien vu que maman porte le foulard.

– Tu sais, on peut porter le foulard et parler français à la maison. »

Eya a de beaux cheveux très, très longs. Curieuse je lui demande si sa maman a les mêmes sous son foulard.

« Non, maman a les cheveux très courts.

– Ah bon, et ils sont bruns comme les tiens ?

– Non ils sont roses !!

– Vraiment ?

– Oui, elle les a coloriés. »

*

Fin juin, les classes se vident à mesure que les enfants partent en vacances, souvent « au bled ». Mais il y a aussi ceux qui ne quitteront pas Bobigny de l'été. On les repère facilement : ce sont les mêmes qui portent tous les jours des habits abîmés, trop petits ou trop grands, qui sont à la garderie depuis l'ouverture jusqu'à la fermeture.

Heureusement qu'il y a les centres de loisirs ! Souvent, le recrutement des animateurs se fait dans les quartiers environnants. On tombe parfois sur des animateurs qui ont été eux-mêmes scolarisés dans l'école où ils travaillent – parfois en même temps que les parents.

Certains animateurs sont mal vus des enseignants, parce qu'ils parlent dans l'école comme dans la rue et ne donnent pas le bon exemple. Souvent mal payés (la rémunération est variable selon les mairies), ils font des horaires impossibles ! Des jours sans fin, avec des tas de coupures. Ce sont eux qui accueillent les premiers enfants à 7 heures du matin, les récupèrent pour la pause déjeuner puis les retrouvent à 16 heures pour la garderie, jusqu'à 18 heures… Ces animateurs sont payés à l'heure mais ils sont contraints de rester à proximité de l'école de 7 heures du matin jusqu'à 18 heures. On parie qu'on leur demandera bientôt d'être auto-entrepreneurs ?

*

Quelques semaines avant la fin des cours, c'est l'heure du grand rangement : il faut vérifier que les jeux et les puzzles sont complets, tailler les crayons de couleurs, jeter les feutres en fin de vie, décrocher tous les dessins et les travaux réalisés pour constituer un dossier que chaque enfant rapportera à la maison. On vide les trousses pour récupérer les tubes de colle, le crayon à papier, la gomme et la paire de ciseaux qui peuvent être réutilisés l'an prochain… Pas de petites économies. On va même jusqu'à déchirer les pages utilisées dans le cahier de correspondance pour pouvoir le redistribuer aux futurs élèves.

Les classes sont rangées, le matériel remballé : cette fois c'est sûr, l'année scolaire touche à sa fin. Il faut maintenant constituer les classes pour la rentrée prochaine.

Chaque maîtresse récupère des étiquettes portant les prénoms de ses élèves. Avec un code couleur (un point vert, orange ou rouge), elle doit juger son comportement et avec un système de + et de – indiquer son niveau scolaire (+++ pour les meilleurs éléments). Une fois que chaque enfant est fiché avec une couleur et des signes +/–, on étale toutes les étiquettes et on essaye de constituer des classes équilibrées. « Ici, je mets trois verts mais cinq –. Là quatre orange et trois ++. » C'est aussi l'heure de décoller les inséparables copains-copines (qui bavardent trop pour progresser) et les enfants qui parlent la même langue étrangère à la maison (pour limiter la tentation de l'utiliser en classe).

Une fois tous les élèves répartis, place au « speed dating » avec les futurs enseignants : quelques petites minutes par enfant pour faire un point sur chaque situation.

« Elle est complètement livrée à elle-même…

– Il est ingérable, il ne supporte pas la frustration.

– Elle est brillante, toujours motivée pour tout. Un bonheur.

– Il comprend jamais aucune consigne.

– Elle souffre de troubles psychologiques, il faut envisager une demande d'AVS une fois que le diagnostic sera posé.

– Fais gaffe, la mère est insupportable ! »

Les futurs enseignants semblent assez désespérés de constater qu'ils vont à nouveau récupérer des enfants qui ne sont pas prêts pour le CP. La prochaine rentrée scolaire intégrera la réforme du « CP et CE1 à douze » dans tous les réseaux d'éducation prioritaire.

Une perspective qui n'a pas l'air de soulager les enseignants. Pourtant, sur le papier, l'idée semble bonne : réduire les effectifs afin de leur permettre d'être plus disponibles pour les élèves. J'ai plutôt tendance à penser que ça pourrait limiter en effet le nombre d'enfants qui ne savent ni lire ni écrire en primaire, comme tous ceux que j'ai pu rencontrer.

Je questionne les enseignants de CP.

« C'est pas une bonne chose le CP et CE1 à douze ?

– Ah si, tel qu'on nous le présente, dans un monde déconnecté de toutes réalités, c'est super ! Mais il suffit pas de faire des réformes, il faut s'assurer qu'elles soient réalistes.

– Mais qu'est-ce qui rend cette réforme impossible ?

– D'abord on n'a pas assez de classes pour diviser les CP et les CE1 par deux. Comme on ne peut pas pousser les murs, ça va être compliqué. Et puis on n'est pas suffisamment nombreux, il n'y a pas assez d'enseignants dans le département… Il n'y a pas assez de profs pour le nombre de postes à pourvoir, on n'a presque jamais de remplaçants… et ils veulent créer le CP et le CE1 à douze élèves, soit deux enseignants contre un aujourd'hui ! Tu m'expliques où ils vont les trouver ? »

Le département va certainement avoir recours à toujours plus de contractuels, pour combler les manques… Sauf que je suis bien placée pour savoir qu'on ne s'improvise pas enseignant, que la meilleure volonté du monde ne permet pas d'offrir aux élèves un enseignement digne de ce nom.

Je me demande souvent comment réagiraient les parents s'ils apprenaient que l'enseignant de leur enfant n'a pas de formation.

Reste de mon métier de journaliste, je suis toujours l'actualité avec beaucoup d'attention et je suis bien sûr particulièrement en alerte sur tout ce qui touche à l'Éducation nationale. Ce qui fait couler le plus d'encre sur la scène médiatique au cours de cette année scolaire, c'est l'interdiction des téléphones portables dans les écoles (paradoxe, les enseignants eux sont dans l'obligation d'avoir leur téléphone personnel à portée de main en classe, en cas d'urgence) et l'installation de casiers. Comment supporter des discussions aussi futiles lorsqu'on connaît l'urgence de la réalité ?

Autre thème très largement repris dans les médias : la maternelle qui devient obligatoire à partir de la rentrée suivante. On nous le présente comme une révolution alors que plus de 96 % des enfants de 3 ans fréquentent déjà l'école maternelle ! À l'heure où j'écris ce livre, le gouvernement déroule le tapis rouge pour annoncer la présence bientôt obligatoire des drapeaux français dans chaque classe. Cette mascarade va-t-elle durer encore longtemps ? Quand est-ce qu'on parle des vrais sujets ?

*

Qui dit fin d'année dit bilans, évidemment. Les parents n'imaginent pas le nombre de soirées que les enseignants consacrent à remplir des livrets, aux corrections, à rédiger des projets pédagogiques, élaborer des exercices d'évaluation… Quand arrive le temps des rendez-vous de fin d'année et qu'un parent sur quatre pose un lapin à l'enseignant (qui a passé des heures à préparer cet entretien, à trouver les mots justes pour encourager l'enfant, à signaler les difficultés sans stigmatiser...) c'est... comment dire... plutôt énervant.

Dernières récréations sous le soleil d'été. J'observe tous les enfants courir et s'amuser ensemble. Tatiana vient me voir en pleurant :

« Maîtresssssssssse, Zoé elle veut pas jouer avec moi parce que je suis noire.

– Va me chercher Zoé ! »

À chaque fois, c'est la même histoire. Lorsqu'un enfant vient se plaindre à nous d'un petit camarade, on lui demande d'aller le chercher... et immédiatement une milice s'organise. L'accusé se fait cueillir par une armée de mini-pouces qui l'escorte comme un dangereux criminel prêt à s'évader.

« Zoé, qu'est-ce que tu as dit à Tatiana ?

– ... que je veux pas jouer avec elle.

– Pourquoi tu ne veux pas jouer avec elle ?

– Parce qu'elle est noire...

– Bah alors Zoé ! Qu'est-ce que ça peut faire qu'elle ait la peau noire ? Regarde : Clotilde a les cheveux blonds, Léna les yeux verts, Mikaïl la peau très blanche. On est tous différents et uniques et on joue tous ensemble, c'est compris ?

– Oui maîtresse...

– Et Zoé ?

– Oui ?

– Elle est de quelle couleur ta peau à toi ? » Zoé regarde attentivement son bras... Elle lève les yeux et répond :

« Chocolat ?

– Bah alors Zoé ! Toi aussi ta peau est noire ! »

Zoé et Tatiana repartent main dans la main jouer ensemble. Toutes les maîtresses explosent de rire !

*

Il fait très chaud et les classes sont devenues irrespirables. On fait des batailles d'eau avec les enfants dans la cour pour les rafraîchir. Derniers instants de complicité. Un soir, on organise un dîner de fin d'année avec l'équipe pédagogique : un barbecue dans la cour de l'école vide. Je pars faire les courses dans le quartier avec deux autres maîtresses et pour la première fois je me balade vraiment en bas des tours où mes élèves habitent. Je sens le regard de certains hommes se poser sur moi : il est bienveillant. Si je ne connais personne, à l'inverse tout le monde sait que je suis la maîtresse d'un enfant, d'un frère, d'un neveu… Ce statut impose le respect.

Drôlement sympa de se retrouver en toute décontraction avec mes collègues devant des grillades ! Il faut dire au revoir à l'adorable Dominique, l'assistante de la directrice, qui a vraiment assuré toute l'année en nous soulageant de plein de tâches quotidiennes fastidieuses : photocopier, découper et coller les mots dans les cahiers de correspondance, contacter les parents lorsque l'une d'entre nous n'est pas là, préparer le matériel pour les travaux manuels, etc. C'est une reconversion professionnelle de dernière minute pour cette esthéticienne à la recherche d'un emploi qui doit valider ses derniers trimestres avant la retraite. Dominique, à qui on ne propose pas plus d'un mi-temps pour accomplir toutes ses tâches, ne gagne pas le SMIC. On lui avait promis qu'elle pourrait exercer quelques années mais finalement le gouvernement a voté la suppression et la non-reconduction des contrats aidés pour les postes administratifs. Départ à la retraite « forcé » avec quelques centaines d'euros par mois pour survivre alors qu'elle a travaillé toute sa vie. La psychologue, Claude, fête aussi son départ vers de nouvelles aventures. Elle a assuré toutes les consultations pour plusieurs écoles du quartier, pas une minute de répit.

« Merci de m'avoir fait confiance, dit-elle, j'ai tout appris ici avec vous, sur le terrain cette année. C'était parfois éprouvant mais tellement formateur ! »

Il n'y a donc vraiment personne d'expérimenté ici ? C'est le royaume des bleus !

On rit, on mange, on trinque, on se remémore des moments heureux de l'année scolaire... sur des tables pour enfants, au ras du sol. Séverine nous donne à chacune un exemplaire de la photo de classe. Toujours aussi surréaliste de me voir à la place de la maîtresse, pourtant c'est bien moi, je l'ai fait.

*

Dernier jour d'école. La moitié des enfants sont déjà partis en vacances mais à 16 heures j'ai le cœur serré : il faut dire adieu. Les parents m'offrent des cadeaux pour me remercier : des bouquets de fleurs, du maquillage (du khôl indien !), des vernis à ongles, des colliers en forme de cœur avec des strass, des chocolats... Je suis comblée et très émue de serrer chaque enfant dans mes bras pour la dernière fois. Il faut aussi dire au revoir aux collègues. On se promet de se donner des nouvelles, ça nous rassure même si on sait qu'on ne le fera probablement pas.

Fin de la grande aventure. Je suis épuisée, vidée et pourtant remplie d'un sentiment inégalable, celui du devoir accompli. Je rentre chez moi les bras chargés, le sourire attendri. Dans les transports, je divague et j'imagine ce jour où, peut-être, je croiserai un de mes élèves, devenu adulte. On se reconnaîtra et j'espère qu'on se remémorera les tendres souvenirs de cette année scolaire.

La perspective des deux mois de vacances payés comble peu à peu le vide laissé par les enfants… Lundi suivant, premier réveil nostalgique : les souvenirs se bousculent, ça grouille dans ma tête. Horreur, j'ai des poux !

Épilogue

En démarrant ce métier, je ne pouvais imaginer un seul instant que je serais confrontée à toutes ces situations. Étais-je naïve de croire que l'École publique était, plus qu'aucune autre, une institution qui se donnait les moyens d'appliquer les principes de liberté, d'égalité et de fraternité arborés si fièrement sur la façade de chaque établissement ?

Comment parler d'égalité des chances lorsque les infrastructures et les budgets des écoles dépendent des finances de la mairie et donc du niveau de richesse de chaque ville ? Comment parler d'égalité des chances lorsque les jeunes enseignants envoyés au front sans formation, sans expérience, ni suivi, gaspillent leur énergie à panser les plaies causées par l'indifférence des pouvoirs publics ?

À chaque fois que je parle de mon expérience de maîtresse, on s'empresse de me rapporter des témoignages catastrophiques : « Tous mes amis profs sont à bout alors que c'était pourtant une vraie vocation », « Elle avait des affectations hyper loin de son domicile, après quelques années elle était épuisée. Complètement isolée et livrée à elle-même, elle a préféré démissionner », « J'ai été enseignant en début de carrière, j'ai pas supporté le manque de moyens et de considération ».

Les parents qui m'entourent, aussi, ont tous des commentaires à faire : « La maîtresse de ma fille parlait très mal français, on a dû batailler pour qu'elle soit remplacée parce que les élèves ne comprenaient rien», «Le maître très autoritaire fait tellement peur aux enfants que mon fils ne veut plus aller en classe». «Les élèves d'une école du 93 en travaux ont été provisoirement répartis dans l'école parisienne de ma fille qui m'a confié, stupéfaite, que les nouveaux étaient nuls, et que certains parents ont fait une pétition pour que les élèves soient retirés de l'école, pour ne pas perturber les classes», me raconte une amie. Sublime illustration de la politique du «chacun pour soi», gangrène de notre société. Certaines écoles publiques, dans les grandes villes qui disposent encore de moyens, résistent au naufrage, à coups de plaintes, de pétitions et parfois donc au mépris du reste et des autres. Mais pour combien de temps ?

Il y a encore dix, vingt ans, le recours aux écoles privées était marginal, et souvent associé à une éducation religieuse. Aujourd'hui, de plus en plus de jeunes parents, affligés par l'état de l'école publique, regrettent de devoir envisager le privé pour leurs enfants. Prémices d'une norme future ? Le public brûle à feu doux, en silence et dans l'indifférence. La bourgeoisie passe au privé, et tant pis pour les autres, «ils n'avaient qu'à être riches».

Ce livre est l'expression libre de mes réflexions, de mes humeurs, de mon expérience. Une minuscule fenêtre ouverte au dernier étage d'une tour avec vue sur la cour de récréation de l'école. Parce qu'il n'y a qu'en sortant la tête qu'on peut espérer apercevoir à nouveau l'horizon. Parce que cette profession doit rester «le plus beau métier du monde». Parce que les enfants sont la richesse de l'État.

Il faut savoir que les témoignages des enseignants sont rares car les fonctionnaires sont soumis au devoir de réserve. Cette obligation impose aux agents publics d'éviter en toutes circonstances les comportements susceptibles de porter atteinte à la considération du service public par les usagers. Les fonctionnaires sont aussi tenus à la discrétion professionnelle : un agent public ne doit pas divulguer les informations relatives à l'activité, aux missions et aux fonctionnements de son administration. Et pourtant « la liberté d'expression est le fondement de toute démocratie » : un bien vaste sujet de dissertation, n'est-ce pas ?

Génération NTM, de nombreux titres du groupe m'ont accompagnée pendant toute cette année scolaire. Malgré le succès rencontré dans les années quatre-vingt-dix, ces chansons alarmistes se sont heurtées aux portes blindées des politiques. Vingt-cinq ans plus tard, les paroles de certains morceaux n'ont pas fini de résonner et de faire trembler le béton. Doit-on encore faire semblant de poser la question *Qui paiera les dégâts ?*

N'oublie jamais que les cités sont si sombres
Tard lorsque la nuit tombe
Et que les jeunes des quartiers
N'ont jamais eu peur de la pénombre
Profitant même d'elle tels
Des hors-la-loi n'ayant pas d'autre choix
Que de développer une vie parallèle
Business illicite, la survie t'y invite
Comme persuadé de prendre le chemin de la réussite
Mais pour ça, qui fait quoi ?
Quelle chance nous a donnée l'État ?
Ne cherchez pas, intentionnel était cet attentat
Laisser à l'abandon une partie des jeunes de la nation
Ne sera pour la France qu'une nouvelle amputation
Car quand la faute est faite, la fête est finie, finie
Fini de rire, pire, j'ai peur pour l'avenir
Mais toi qu'as-tu à dire pour contredire mes dires ?

Je n'invente rien contrairement à ce que tu peux lire
Pas de brodages dans mes textes, pas de romance
Car je sais que notre pensée peut avoir de l'influence
Quelle solution préconise-t-on ?
Mieux vaut prévenir que de guérir dit le dicton
Mais, dans ce cas précis si guérison il y a
Souvenez-vous que c'est à nos frais que seront les dégâts.

Une année scolaire, c'est autant d'histoires à raconter que d'élèves rencontrés. Bien plus de moments merveilleux et d'échanges heureux que de colères. Malgré des conditions souvent difficiles, les enfants conservent leur fraîcheur, leur naïveté, leur curiosité et cet appétit insatiable pour explorer le monde. N'est-ce pas justement ce qui rend l'inégalité du système encore plus difficile à supporter ?

Remerciements

À ma maman, ma confiance.

À Éric Karnbauer pour m'avoir présenté « la meilleure éditrice », Mireille Paolini.

À Stéphanie pour son aide, sa patience, son engagement.

À mes proches, qui accompagnent toutes mes décisions avec bienveillance.

À NTM, particulièrement à Kool Shen qui a accepté que sa musique résonne dans ce livre.

Table

RÉALISATION : IGS-CP À L'ISLE-D'ESPAGNAC
ACHEVÉ D'IMPRIMER SUR ROTO-PAGE
PAR L'IMPRIMERIE FLOCH À MAYENNE
DÉPÔT LÉGAL : AOÛT 2019. N° 142461 (94739)
Imprimé en France